세움
문학
01

강아지 똥으로 그린 하나님 나라

권정생의 작품과 삶

세움북스는 기독교 가치관으로 교회와 성도를 건강하게 세우는 바른 책을 만들어 갑니다.

세움 문학 01

강아지 똥으로 그린 하나님 나라

권정생의 작품과 삶

초판 1쇄 발행 2021년 5월 17일
초판 2쇄 발행 2021년 6월 25일

지은이 | 홍인표
펴낸이 | 강인구

펴낸곳 | 세움북스
등 록 | 제2014-000144호
주 소 | 서울시 종로구 삼일대로 428 낙원상가 5층 500호
전 화 | 02-3144-3500
팩 스 | 02-6008-5712
이메일 | cdgn@daum.net

교 정 | 오현정
디자인 | 참디자인

ISBN 979-11-91715-00-2 (03230)

세움 문학 01

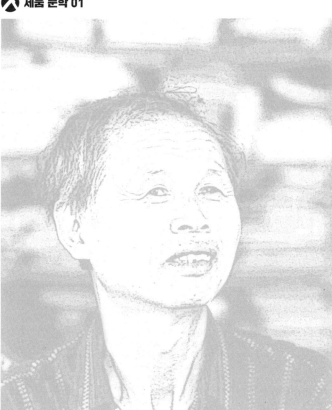

강아지 똥으로 그린 하나님 나라

홍인표 지음

권정생의 작품과 삶

SEUM
LITERA
TURE

세움북스

차례

이기적인 삶을 살아가는 영혼들에게 주는 복음

_ 박상재 박사 (문학 박사, 「아동문학사조」 발행인)

권정생은 대한민국을 대표하는 아동문학가이다. 그는 일본 도쿄의 빈민가에서 강아지 똥처럼 태어났다. 일제에 의해 유린당하던 식민국 노동자의 아들로 태어났기 때문에 멸시와 천대를 한 몸에 받았다. 일본이 패망한 후, 1946년 외가가 있는 경상북도 청송으로 귀국했으나 빈곤과 6·25 전쟁 등으로 가족들과도 헤어져야 했다. 그는 객지를 떠돌며 땔감 장수, 담배 장수, 가게 점원 등 온갖 힘든 일을 하다가 폐결핵, 늑막염 등의 병을 얻어 1957년 경상북도 안동시 일직면으로 돌아온다. 어려운 가정 형편으로 1965년 가출했다가 1966년에 다시 돌아와 마을의 교회 문간방에서 살며 종지기가 되었다.

그의 대표작인 『강아지 똥』처럼 그는 천대받고 괄시받는 삶을 살았다. 하지만 그의 동화는 민들레꽃처럼 영원히 피는 한국동화의 꽃이 되었다. 이름난 동화작가가 된 후에도 교회 뒤 언덕에 지은 대문도 울타리도 없는 흙집에서 그의 이름 정생(正生)처럼 바른 삶을 살기 위해 눈물을 흘렸다. 그가 흘린 눈물은 하느님의 눈물이었다. 그는 개구리, 풀무치, 박새, 강아지 두데기 등과 더불어 살다가 고희(古稀)의 나이에 하늘나라로 돌아갔다. 1969년 『강아지 똥』을 시작으로 40년 가까이 쓴 동화는 그가 친 종소리만큼이나 큰 울림을 주었다.

이 책은 신학자요 목사인 저자가 비교적 객관적인 시선으로 인간 권정생을 조명하고 그의 문학을 톺아보는 산문집이다. 더러운 똥을 꽃으로 승화시킨 권정생 문학을 통해 한국교회가 지향해야 할 사명과 비전을 제시하고 있다. 또한 낮은 곳보다는 높은 곳만 탐닉하며, 지나치게 이기적인 삶을 살아가는 현대인들에게 민들레꽃 같은 희망의 복음을 전해 주고 있다.

홍인표의 간절한 기도

_ 이정석 교수 (아동문학평론가)

계몽 사상가인 뷔퐁은 글은 곧 그 사람이라고 하였다. 글 속에는 글쓴이의 사상과 감정, 인격과 품위가 그대로 담겨있다는 것이다. 『강아지 똥으로 그린 하나님의 나라』는 한국의 기독교 영성가들 가운데 한 사람으로 지칭하는 동화작가 권정생의 글과 삶을 예리한 분석과 통렬한 성찰을 통해 그리스도인 홍인표의 종교적 신념과 인격을 오롯이 보여준 글이라고 할 수 있다.

홍인표는 〈오물덩이처럼 딩굴면서〉 등 권정생의 산문에서 임마누엘 하나님을 말하고, 하나님과 동행하려고 몸부림쳤던 처절한 권정생의 삶과 기도가 현대 한국교회에 큰 울림이 되고 있음을 찾아보았고, 〈아기 토끼〉, 〈똘배가 보고 온 달나라〉 등 권정생의 동화와 소설에 드러난 권정생의 바른 꾸짖음을 보여주면서 한편으로 성경적 가치 실천을 외면하고 있는 한국교회를 비판하고, 한편으로 교회는 누구에게나 활짝 열려야 한다고 강조하였다. 아울러 〈쌀〉 등 권정생의 동시를 통해 한국교회 일각에서 보여준 북한에 대한 편향된 증오를 극복하고 남북 화해와 통일의 길, 그리고 동심이 가득한 에덴동산을 재구성하고 회복의 길을 모색하였다.

이 글은 권정생의 글과 삶을 통해 충실한 그리스도인들을 향한 따뜻한 위로와 희망, 한국교회가 복음의 본질에 접근할 것을 촉구하는 홍인표의 간절한 기도라고 할 수 있다.

기독교의 본질이 무엇인지 고민하는 이들에게

_ 박유미 박사 (비블로스성경인문학연구소 소장)

그동안 권정생이란 이름은 드라마로 보았던 '몽실언니'의 저자로만 알고 있었지 기독교적 배경과 사상을 가진 작가라는 것은 이 책의 저자인 홍인표 박사님을 통해 처음 알게 되었다. 그리고 이번에 출판한 『강아지 똥으로 그린 하나님 나라』를 통해 권정생 선생님에 대해 좀 더 자세하게 소개를 받게 되어 매우 반가웠다.

이 책은 권정생의 작품들을 통해 그가 기독교인으로서 어떤 사상을 가지고 있으며 어떤 삶을 살았는지를 이야기하고 있다. 권정생의 글들은 일관되게 약하고 힘없고 바보 같은 존재들에게 관심을 갖고 이들을 주인공으로 삼고 있다. 또한 강한 사람의 힘에 기대지 않고 약한 자들이 서로를 도우며 서로의 삶을 지탱해 주는 이야기를 통해 하나님 나라는 이렇게 약한 자들, 힘없는 자들이 서로 돕고 인정하며 사는 나라라는 것을 잘 드러내고 있다.

저자는 항상 약자와 함께하셨던 예수님의 모습을 닮은 권정생의 삶을 소개하며 현재 부와 권력을 쥐고 복음의 본질에서 벗어난 교회와 기독교인들에게 어떻게 사는 것이 진정한 기독교인으로서의 삶인지 그 방향을 제시하고 있다.

현재 교회의 모습에 실망하고 기독교의 본질이 무엇인지 고민하는 이들에게 이 책을 추천하고 싶다.

'하나님께서 주신 진정한 복'에 대한 대답

_ 장승익 박사 (예수마을교회 담임목사)

이번에 홍인표 박사께서 『강아지 똥으로 그린 하나님 나라』라는 멋진 책을 써 주셔서 먼저 감사드리고 출간을 축하드립니다.

개인적으로 권정생 선생님을 너무 존경하고 그분의 삶을 본받기를 열망하며 목회하고 있습니다. 하지만 너무 부족하여 감히 그분의 그림자조차도 따라가지 못하고 있어, 때로 저 자신을 채찍질하며 살아가고 있는데, 홍 박사께서 이렇게 멋지고 아름답고 귀한 책을 써 주셔서 이 책을 통해 다시 도전받고 저 자신을 새롭게 하는 계기가 되었습니다.

추천자로서 홍 박사님이야말로 권정생의 문학과 삶을 잘 이해할 수 있는 최적임자라고 생각합니다. 무엇보다 홍 박사님은 아이들을 사랑하고 그 마음으로 동시도 쓰고 동요도 작사했고 노래도 부르는 분입니다. 또한 권정생 선생님처럼 한국교회를 사랑하는 마음으로 비판적이고 개혁적인 목소리를 내는 분이기도 합니다. 홍 박사님은 책에서 이렇게 쓰고 있습니다.

> 슬픈 일로 가득했던 인간의 역사 속에서 간혹 바보 같은 사람들이 있었기 때문에 살만한 세상이 되어 온 것은 아닐까. 일제 강점, 한국전쟁, 민주주의 억압 등 고난의 나날이 끊이지 않았던 우리 현대사에 권정생처럼 바보스러운 사람들이 있었기에 우리가 작은 위로를 받으며 살아올 수 있었던 것은 아닐까. 똑똑한 사람으로 가득한 세상에 권정생처럼 바보스러운 길을 선택하는 사람들이 있어야 살만하지 않을까. 권정생만큼은 아니더라도 우리 또한 작은 바보가 될 때 세상을 더욱 아름답게 가꿀 수 있지 않을까.

홍박사님은 권정생 선생님을 통해 하나님께서 우리에게 주신 진정한 복이 무엇인지에 대해 알려 주고 있습니다.

> 권정생은 우리에게 하나님께서 주신 복에 대한 새로운 시각을 열어 주고 있다 …… 권정생이 볼 때 하나님께서 주신 복은 섬기는 복이다. 예수님을 닮는 것이다. 예수님을 닮는 것은 아픔 겪는 사람의 이웃이 되는 것이다.

정말 귀하고 훌륭한 책 한 권이 세상에 나왔습니다. 이 책을 통해 이 책을 읽는 사람들이 진정한 바보가 되어 참된 복이 무엇인지를 깨달아

복 있는 자로 오늘을 살아갔으면 하는 마음을 담아 이 책을 적극 추천합니다.

인간 권정생을 이해하는 최고의 길잡이

_ **김관성 목사** (행신침례교회 담임목사)

저자인 홍인표 목사님은 권정생 선생님을 사모하고 존경하는 사람입니다. 그가 지향하는 삶이 권정생 선생님의 삶에 담겨있기 때문입니다. 제가 알고 있는 저자는, 이 세상의 권세, 재물, 인기, 영향력에 관심이 별로 없는 사람입니다. 자신의 소명을 무언가를 성취하고 이룬 것으로 삼지 않고, 어떤 존재가 되느냐로 삼고 있는 사람이기 때문이지요. 그가 그토록 사랑하고 닮기 원하는 권정생 선생님에 관한 책을 이렇게 세상에 내놓았습니다. 누군가를 가장 사랑하는 사람이 그 사람을 가장 정확하게 파악한다는 말처럼, 저자는 이 책을 통해, 권정생 선생님의 삶과 인생, 작품세계를 제대로 꿰뚫어, 자신이 이해한 선생님의 사상과 지향을 정갈하고 쉬운 언어로 표현했습니다. 이 책이 인간 권정생을 이해하는 최고의 길잡이가 될 것이라 확신하며 여러분에게 기쁜 마음으로 추천합니다.

글을 시작하며

나의 20대 시절 독특한 제목을 가진 동화책 한 권을 발견하게 되었다. 『강아지 똥』, 그때 이런 생각이 들었다. '참 특이한 발상이다. 똥을 소재로 동화를 쓰다니, 아름다운 꽃도 아니고 강아지처럼 귀여운 동물도 아닌 똥이 동화책의 주인공으로 등장하다니….' 책을 읽으면서 강아지 똥이 민들레를 껴안고 빗물에 녹아내리는 모습을 그린 삽화를 보고 깊은 감동을 받았다. 나에게 깊은 감동을 준 그 그림은 나의 가슴 깊은 곳에 보물처럼 자리 잡았고, 그로부터 긴 시간이 흘렀다.

40대에 들어선 어느 날 도서관에서 책 한 권을 발견하였다. 『오물덩이처럼 딩굴면서』였다. 그 책은 오래전 나의 가슴에 깊은 감동을 준 『강아지 똥』의 저자 〈권정생의 글 모음집〉이었다. 권정생이 자신의 동화에 예쁜 꽃이나 귀여운 강아지를 등장시키지 않고 강아지 똥을 등장시킨 이유를 알 것 같았다. 자신의 삶을 '오물덩이를 뒹군 삶'이라고 일컬을 만큼 처절한 삶을 사는 가운데, 그는 약하고 아름답지 못한 것에서 도리어 아름다움을 발견하게 되었으리라 생각되었다.

참으로 그랬다. 그의 작품은 대부분 약한 것, 아름답지 못한 것, 한마디로 불쌍한 존재들을 소재로 삼은 것이었다. 그의 작품들 가운데 어떤 작품들은 처절하다 할 만큼 슬프다. 그의 작품들을 읽는 것은 편치 않았다. 처절했던 그의 삶을 나의 삶에 투영하지 않을 수 없기에 더욱 힘들었다. 그럼에도 불구하고 그의 작품들을 틈틈이 읽었다. 많은 작품을 읽었지만 차마 그에 대한 글을 쓸 수는 없었다. 나의 전공에 관한 학위논문을 쓰기 때문에 바쁘기도 하였지만, 더 큰 이유는 그의 슬픈 작품들을 주제로 글을 쓸 만큼 마음이 강하지 못했기 때문이었다.

짧지 않은 시간이 지나 학위를 마친 후 그의 작품들을 다시 읽었다. 예전에는 발견하지 못한 이런 문구가 눈에 들어왔다. '나의 동화는 슬프다. 그러나 절망적인 것은 없다.' 참으로 그랬다. 그의 작품들은 대부분 슬펐지만, 절망적인 것은 없었다. 슬픔 속에서 희망을 발견할 수 있었다. '더불어 살아가는 따뜻함'을 발견할 수 있었다. 무엇보다 그의 작품을 읽는 가운데 그의 작품에 담긴 하나님의 슬픔을 느낄 수 있었다. 그의 작품에 담긴 하나님의 따뜻한 위로를 발견할 수 있었다.

하지만, 내가 이렇게 애타게 기다리는데도 사람들은 기를 써 가면서 남을 해치고 있구나.

하나님은 쓸데없는 물건은 하나도 만들지 않으셨어. 너도 꼭 무엇엔가 귀하게 쓰일 거야.

마음을 단단히 먹고 권정생에 대한 글, 권정생의 작품들에 대한 글을 써 내려가기 시작했다. 글을 쓰는 가운데 쉽지 않은 하루하루를 살아가는 현대인들을 향한 그의 위로를 들을 수 있었다. 한국교회를 향한, 그리스도인들을 향한 그의 애정 어린 질책을 느낄 수 있었다. 비인간화되어 가는 우리 사회를 바라보는 그의 탄식을 느낄 수 있었다. 그렇다. 쉽지 않은 하루하루를 살아가는 현대인들에게 누군가의 위로가 필요하다. 신앙의 순수성을 잃어가는 한국교회에게, 그리스도인들에게, 비인간화되어 가는 우리 사회에는 누군가의 애정 어린 질책이 필요하다.

누구보다 처절한 삶을 살았기에 그는 하나님의 부재를 말할 수 있었지만, 오히려 더욱 하나님과 동행하는 삶을 살기 위해 몸부림쳤다. 신앙의 순수성을 잃어가는 한국교회와 그리스도인들을 보며 탈기독교를 선언할 수도 있었지만, 충실한 그리스도인으로 자리를 지키며 한국교회와 그리스도인들을 향한 애정 어린 질책을 아끼지 않았다. 비인간화되어 가는 우리 사회를 보며 자신도 그 사회의 한 사람임을 절감하며 가슴을 쳤다. 가족을 이루지 못해 자녀를 둘 수 없었지만, 세상 모든 어린이를 자녀처럼 생각하고 북한과 분쟁지역 어린이들이 굶지 않기를 바라며 가진바 모든 것을 베풀었다.

사람들은 권정생을 일컬어 '작은 사람'이라고 하기도 하고 '아름다운 사람'이라고 하기도 한다. '예수가 따로 없는 사람'이라고 칭송하기도 한다. 그렇지만 무엇보다도 그는 인간다운 인간이 되기 위해 몸부림쳤다. 권정생은 비록 작은(소박한) 사람이었지만, 참으로 아름다운 삶을 살았다고 본다. 그렇기 때문에 권정생으로부터 따뜻한 위로를 받을 수 있고 삶의 지침이 되는 따뜻한 질책을 받을 수 있으리라고 본다. 하나님께서 그의 삶을 인도하셨고 그의 작품에 하나님의 음성을 담으셨다고 보기 때문이다. 비록 구약시대에 선지자들에게 하나님의 말씀을 대언하도록 하신 것 같은 직접적인 영감은 아닐지라도 권정생의 작품들 안에 우리에게 들려주시려는 하나님의 뜻을 담으셨다고 보는 것이다. 우리가 권정생의 글들을 통해 그의 목소리에 귀 기울여야 하는 이유가 여기에 있다. 작은 사람 권정생, 아름다운 사람 권정생의 음성에 말이다.

이 책에서 나는 권정생의 산문, 동화, 소설, 그리고 동시 등 그의 문학

전반에 나타난 그의 사상을 천착하고 그를 통해 오늘날 한국 사회, 한국 교회, 그리고 각 개인이 들어야 할 권정생의 음성을 재구성하였다. 권정생의 산문에 언급된 그의 어록 몇 가지와 성경 본문은 몇몇 단락에 반복하여 언급하였음을 먼저 밝혀 둔다.

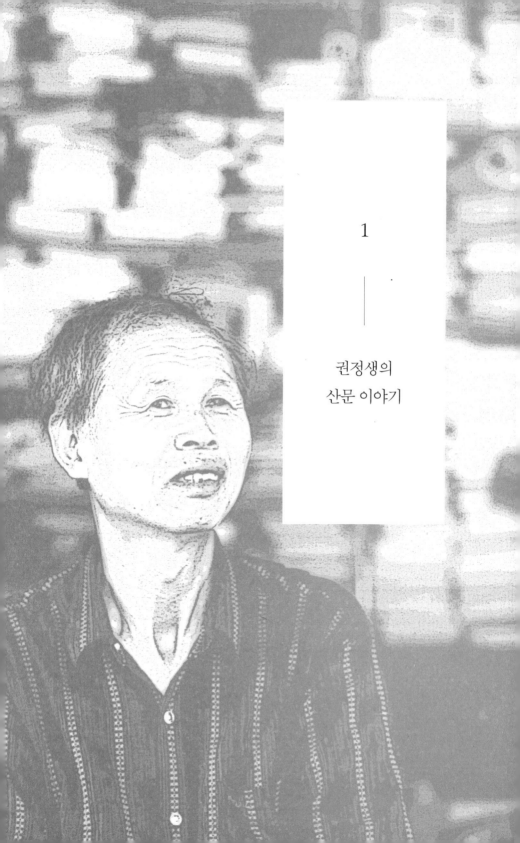

1

권정생의
산문 이야기

울림

오늘날 권정생을 칭송하는 이들이 적지 않다. 권정생은 아동문학가로는 물론 한국교회의 사상가로 존경받아 마땅하다. 조현은 권정생을 '동화를 남기고 간 가난한 종지기'라고 하며 '한국의 기독교 영성가들' 가운데 한 사람으로 지칭한다.[1] 권정생은 1963년 교회학교 교사로 임명된 이후 어린이들의 선생님으로 활동하였다. 그는 성경을 통해 정신세계를 넓히는 가운데 어린이들에게 훌륭한 성경 교사로 활동하였을 뿐만 아니라[2] 마을에서 유일한 방과 후 교사 역할도 하였다.

권정생은 주일학교 수업이 끝나면 어린이들에게 동화책을 읽어주고 함께 인형극을 공연하였다. 부산 재봉기 가게에서 일할 때 배운 재단 기술로 그는 인형과 인형 옷을 만들어 방정환의 번안동화집 『마음의 꽃』에 수록된 동화들과 성경 이야기, 그리고 '팥죽 할머니' 등 구전동화들을 어린이들이 손가락에 인형을 끼우고 자신이 종이에 그린 배경 몇 장을 남포등으로 비추어서 공연함으로써 어린이들은 물론 마을 주민들에게도 기쁨을 주었다.[3] 권정생이 교회학교 교사로 활동할 무렵의 사진을 보면 그가 어린이들 앞에서 율동을 하는 등 자상한 선생님의 모습이 발견된다. 그렇지만 한국교회를 향한 권정생의 생각이 호의적이기만 한 것은 아니었다. 그의 이야기를 들어 보자.

교회는 70년대에 들면서 갑자기 권위주의, 물질만능주의, 거기다가 신비주의까지 밀려와서 인간 상실의 역할을 단단히 했다. 조용히 가슴으로 하던 기도는 큰소리로 미친 듯이 떠들어야 했고, 장로와 집사도 직분이 아니라 명예가 되고 계급이 되고 권력이 되었다…. 하느님께 의지하는 믿음이 아니라 하느님을 이용하여 출세와 권력과 돈을 얻으려 하고, 이것이 바로 그 사람의 믿음 전부가 되었다…. 기독교 2천 년 역사 가운데서 예수님은 많이도 시달려 왔다.[4]

권정생의 한국교회에 대한 쓴소리는 무엇보다도 '하나님께서 내려 주시는 복'에 대한 재인식 촉구에서 비롯되었다고 본다. 그는 다음과 같이 말한다.

우리는 가장 쉽게 모든 물질은 하느님이 주신 축복이라고 말한다. 옳은 말이다. 살아있는 모든 목숨에게 필요한 물질이 없으면 이 세상에서 그 무엇도 살아갈 수 없기 때문이다. 참으로 하느님께 감사할 일이다. 하지만 사람들이 현재 누리고 있는 풍요나 교회 헌금의 수량을 가지고 모들쳐서 하느님의 축복이라고 말해서는 절대 안 된다. 모든 물질은 이 세상 모든 생명들에게 각자의 몫이 골고루 나뉘어졌을 때 진정한 축복이 되는 것이다. 거기서 사람들도 정당한 자기 몫으로 살면서 다른 목숨들한테 피해를 주지 않고 평화를 이룰 때만이 우리는 하느님께 진정한 감사를 할 수 있는 조건을 갖추게 된다.[5]

많이 소유함이 아니라 나눔으로써 함께 풍성함을 누리는 것이 '하나님께서 내려 주시는 복'이라고 권정생은 말한다. 권정생의 한국교회를 향한 한마디, 한마디는 꾸지람이라고 할 정도로 단호하다. 그렇지만 그의 꾸지람 대상은 한국교회 자체가 아니라 한국교회의 지도자인 목회자들과 바람직하지 못한 신앙을 견지하는 그리스도인들이다. 그가 말하는 김목사는 특정한 김목사가 아닌 한국교회 전반의 목회자들이다. 그의 질타를 들어 보자.

사랑 사랑 하다 보니 결코 용서해서는 안 될 사실까지 덮어 버리고 양가죽을 뒤집어쓴 이리 같은 사기꾼이 되어 버렸습니다. 겸손은 무조건 무릎을 꿇어야 하는 것으로 알고 알량하고 비굴한 인간이 되었습니다. 복종만이 신앙의 도리로 알고 맹종하다 보니 이젠 마귀의 명령에도 굽신대는 절대적인 착한 인간이 되었습니다. 김목사님, 정말 무섭습니다. 교회라는 곳이 무서워졌습니다. 목사님의 자애로운 그 웃음이 진짜인지 가짜인지, 장로님의 말씀이 진짜인지 가짜인지 집사님의 다정한 인사가 진짜인지 가짜인지, 믿습니다를 백번을 해도 믿어지지 않습니다. 왜 이렇게 되었는지요? 예수 믿는 것이 잘못이었을까요? 제가 믿어도 바르게 믿지 못한 탓인지요?[6]

권정생이 이렇듯 질타한 한국교회의 신앙 성격은 어떤 것이었을까. 이어지는 질타에서 권정생은 이렇게 말한다.

보통 예수 믿으면 3년 안에 부자가 된다는데, 저는 20년 믿어도 아직 가난하기 때문에 화가 난 건지도 모릅니다. 건강 축복, 물질 축복, 가정 축복, 장수 축복, 만사형통한다는데 저는 한 가지도 얻지 못했으니 정말 저주받은 자식인가 봅니다. 화가 납니다. 목사님, 정말 화가 납니다. …… 누가 그러더군요. 요즘은 부자라야 천당 가고 가난뱅이는 지옥감이라고요, 가난한 건 예수 잘못 믿어서 가난한 것이고 그게 죽은 뒤까지 연장되지 않느냐는 겁니다. 정말

원통한 일입니다. 그러나 목사님, 죽은 뒤의 세계는 아직 큰 문제가 아닙니다. 현재 너무 괴롭기 때문에 이 괴로움이라도 좀 덜어 보고 싶을 뿐입니다. 그렇다고 가난이 못 견디게 괴로운 건 아닙니다. 장가 못 간 것도 상관없습니다. 오래 살지 않아도 괜찮습니다. 출세를 못 해도, 권투 선수처럼 건강하지 못해도 좋습니다. 다만 저는 진짜 하느님을 믿고 싶습니다. 마귀에게까지 복종하는 절대복종에서 해방되고 싶습니다. 옳은 것은 옳다 하고, 아닌 것은 아니요 할 수 있는 떳떳한 인간이 되고 싶습니다.[7]

한국교회에 대한 권정생의 꾸지람은 참으로 매섭다. 이러한 꾸지람은 그의 고뇌의 산물이기도 하다. 내세는 중요시하지만, 그리스도인다운 삶에 대한 문제의식이 부족한 신앙에 대한 그의 언급을 듣고 반성하지 않을 수 없다. 이와 같은 그의 꾸지람은 한국교회에 대한 애정을 기반에 두고 있다. 권정생은 한국교회가 본질을 회복하기를 간절히 바라면서 애정 어린 질타를 아끼지 않았다. 복음이라고 생각해 왔지만, 복음이 아니었던 것을 버리고 참다운 복음으로 회복하기를 간절히 바라고 '그리스도를 따른다'라고 하면서 그리스도와 엇나가기도 하는 한국교회가 그리스도께서 가신 길을 충실히 따르기를 간절히 바라면서 말이다.

1960년대 일직교회 어린이들의 좋은 선생님이었던 권정생을 지금 우리 모두의 주일학교 선생님으로 모시고 그의 가르침을 들어야 하지 않을까. 그의 가르침이 우리의 귀에 달콤하기만 한 것은 아니다. 우리가 사랑하는 교회 공동체에 대한 꾸짖음, 그리스도를 따르고 있다고 자부하는 우리 개개인에 대한 꾸짖음, 우리에게 복음을 전해 준 고마운 국가라고 생각했던 미국을 비롯한 서양국가들에 대한 꾸짖음을 우리는 들어야 한다. 그렇지만 그의 꾸짖음은 추상같은 불호령이 아니라 촉촉이 젖은 음성이다.

우리가 권정생으로부터 꾸짖음을 받아들일 수 있는 이유는 다음과 같다. 먼저 그는 작가로서 보기 드물게 약점이 없는 인물이다. 우리에게 널리 알려진 작가들 가운데는 일제 강점기에 친일 행태를 보인 이들도 있고 한국전쟁 이후 극단적인 반공 이데올로기에 묶인 이들도 있으며 1970-80년대 권위주의 정부에 순응하기만 했던 이들도 있다. 그렇게 함으로써 기득권을 누릴 수 있기 때문이었다. 그러나 권정생은 그것을 통한 기득권 누림과 거리가 멀었다. 심지어 호교론(護敎論)적 입장에서 한국교회의 울타리에 안주하며 작품활동을 하지도 않았다. 그로 인해 그는 작가로 널리 알려진 후에도 한동안 빈곤한 생활에서 벗어날 수 없었지만, 그에 따른 빈곤한 생활을 그리스도를 따르는 것으로 생각하며 감당하려고 하였다. 이후 작가로서 영예를 누림으로써 풍족한 생활이 가능하였음에도 그는 그리스도를 따르는 청빈의 삶을 실천하고 자신의 것을 나누는 데 인색하지 않았다. 그러므로 그가 우리에게 들려주는 한마디, 한마디는 잔잔한 울림이면서도 가볍지 않은 권위로 다가온다.

우리가 그의 꾸짖음을 받아들일 수 있는 더 중요한 이유는 그가 빈곤과 질고(疾苦)의 삶을 살면서도 하나님의 부재(不在)를 말하지 않고 임마누엘 신앙을 말하였다는 것이다. 그의 자서전적 글을 '오물덩이처럼 딩굴면서'라고 명명한 데서 알 수 있듯이 그는 보통 사람들이 상상조차 하기 힘든 고난의 삶을 살았다. '하나님의 부재하심'을 말할 수 있을 만큼 말이다. 그러나 그는 오히려 임마누엘 하나님을 말하며 하나님과 동행하려고 몸부림쳤다. 우리가 그의 부드러운 꾸짖음을 마음의 양식으로 삼을 수 있는 이유를 여기서도 발견한다.

권정생은 한국교회를 꾸짖었지만, 누구보다도 한국교회를 사랑하였다. 그리스도인들을 꾸짖었지만, 그 이상으로 자신에 대한 반성이 있었다. 그는 작은 사람이었지만 그의 음성이 한국교회에 울림으로 다가오는 이유가 여기에 있다. 2007년, 하나님의 부르심을 받은 그의 음성은 수많은 작품으로 우리 곁에 남아 있다. 그것은 한국교회를 향한, 그리스도인을 향한 울림이 되어 들려온다. 일직교회 종지기 시절, 새벽마다 그가 맨손으로 울렸던 종소리처럼 말이다.

권정생의 기도[8]

권정생의 삶을 살펴보면 '꼬여도 이렇게 꼬인 삶이 있을까?'하는 생각이
든다. '권정생은 우리 현대사에 개인에게 강요한 수난을 조금도 비껴가
지 못한, 철저한 피해자였다. 그는 일생토록 아팠고, 아픔 속에서 기도하
고 견뎠다[9]라고 하는 이계삼의 표현은 권정생의 삶을 잘 함축하고 있다.
초기 권정생의 삶을 대략 살펴보도록 하자.[10]

　권정생은 1937년 일본 동경 시부야 하따가야 혼마치 3 쪼오매 595방
헌 옷장 수집 뒷방에서 태어났다. 그가 태어난 곳은 이른바 빈민가였다.
그곳의 한국인들은 길가의 인분이나 쓰레기 같은 오물을 치우는 일로 생
계를 유지했다. 권정생의 가족은 무허가 판잣집 셋방에 살면서도 방세를
제대로 내지 못했다. 어린 권정생과 그의 동생을 제외한 다른 가족들 모
두 생업전선에 뛰어들었음에도 끼니를 잇기조차 힘들었다.

　해방 다음 해인 1946년에 가족들과 함께 귀국했지만[11] 거주할 곳조차
마련할 수 없어서 가족들은 뿔뿔이 흩어져야만 했다. 1년 후 그의 아버
지가 안동군 일직면에서 소작 농사를 짓게 됨으로써 가족들이 다시 모일
수 있었지만 극빈한 처지를 벗어날 수는 없었다. 1953년 권정생이 16세
라는 늦은 나이에 안동 일직초등학교를 전교 1등으로 졸업했음에도 불
구하고 중학교에 입학할 수 없었다. 권정생이 12살이던 1949년부터 그의
어머니는 권정생을 중학교에 보내기 위해 행상 등을 하며 돈을 모았지

만, 다음 해 일어난 6 · 25 한국전쟁의 여파로 화폐가치가 백 분의 일로 폭락했기 때문이었다. 본래 그의 어머니가 모은 돈은 소 세 마리를 살 수 있을 만큼 넉넉했지만, 화폐가치의 폭락으로 염소 새끼 한 마리조차 살 수 없었다. 진학을 포기할 수 없었던 권정생은 고학하면서 중학교에 입학하기 위해 1955년부터 1957년까지 부산의 재봉기 상회 점원으로 일하는 등 외지 생활을 하였지만, 오히려 늑막염에 폐결핵까지 얻고 치료조차 제대로 받지 못하였다. 이를 계기로 그는 평생 질고(疾苦)에 시달리게 되었다.

권정생은 그의 나이 29세이던 1966년 6월에 콩팥 한쪽을 들어내는 수술을 하였고, 12월에는 방광을 들어내는 수술을 하였다. 그의 수술을 집도한 의사는 "잘 관리하면 2년은 살 수 있다"라고 하였고, 간호사는 "앞으로 6개월밖에 살 수 없다"라고 하였다. 다음 해 동생을 결혼시키고 혼자 남게 된 그는 1968년 2월, 안동 일직교회 종지기가 되어 교회의 문간방에서 살기 시작했다. 그의 방은 서향으로 지어진 예배당 부속 건물의 흙담집이었기 때문에 외풍이 심해서 겨울엔 귀에 동상이 걸렸다가 봄이 되면 낫는 열악한 환경이었다. 그런 환경 속에서도 그는 아이들을 만나고 글을 썼다.

1969년, 그의 나이 서른두 살이 되었을 때 권정생은 월간 「기독교교육」의 제1회 기독교아동문학상 현상 모집에 〈강아지 똥〉을 응모하여 당선됨으로써 작가로 이름을 알리기 시작했다. 1974년 세종문화사에서 발간한 권정생의 동화집 『강아지 똥』 서문에서 그는 이렇게 고백하였다.

거지가 글을 썼습니다. 전쟁 마당이 되어 버린 세상에서 얻어먹기란 그렇게 쉽지 않았습니다. 어찌나 배고프고 목말라 지쳐 버린 끝에, 참다못해 터뜨린

울음소리가 글이 되었으니 글다운 글이 못됩니다.[12]

극빈의 삶을 이어 온 권정생의 진솔한 고백이 느껴진다. 권정생만 그
런 것이 아니었다. 사실 당시 많은 사람이 극도로 궁핍한 삶을 살았다.
그와 호형호제(呼兄呼弟)의 친분을 유지한 이현주[13]는 "개 눈에는 똥만 보
인다더니, 그(권정생)의 눈에는 온통 불쌍하고 못난 인간들뿐이다"라며 한
탄하였다. 덧붙여 이현주는 권정생에게 "형은 지가 젤 불쌍하면서 남들
불쌍하다는 말만 해!"라고 핀잔을 주기도 하였다.[14]

여기서 나는 권정생이 하나님께 올린 기도를 생각해 보고 싶다. 그는
어떤 기도를 하나님께 올렸을까? 이현주의 이야기를 들어 보자.

그는 오늘 새벽에도 따르릉거리는 자명종 소리에 일어나 예배당 마당에 높이
솟아 있는 종을 울렸을 것이다. 그러곤 차가운 마룻바닥에 무릎을 꿇고 뭐라
고 하느님께 빌었을까? 아무튼, 빌었을 것이다. 지금도 억울한 일을 당해 눈
물 흘리는 이 땅의 가난한 백성이 이웃해 있으니만큼 그의 기도는 중단될 수
없을 것이다.[15]

새벽마다 권정생은 긴 시간 어려운 이웃들을 위한 기도를 하나님께 올
렸고 자신을 위한 기도는 마지막에 올렸다. 점차 그가 기도해 주는 대상
은 어려운 이웃들을 넘어 북한의 굶주린 어린이들, 세계 분쟁지역의 어
린이들로 확대되었다. 여기서 나는 권정생의 기도에 대한 하나님의 응답
을 생각해 보고 싶다. 이를 위해 권정생의 초기 신앙생활로 잠시 거슬러
올라가는 것이 좋겠다.

권정생은 1958년, 그의 나이 21세 때 신앙생활을 시작한 것으로 보인

다. 권정생은 병으로 인한 고통을 참다못해 교회당에서 날마다 밤새워 하나님께 부르짖었다.[16] 그의 이야기를 들어 보자.

나는 집 나간 동생과 부모님께 도저히 그 이상 고생을 시켜드릴 수 없어 차라리 죽어 버리길 바라고 기도했다. 밤마다 교회당에 가서 밤을 지새우며 하느님께 나의 고통을 눈물로 부르짖었다. 아마 구약성경에 나오는 욥의 모습만큼 참담했을 것이다. …… 추운 마룻바닥에 앉아 있으면 소변은 숨 돌릴 사이도 없이 마려워진다. 밤새도록 들락날락거리다 보면 새벽이 온다. 새벽종이 울리면 곧 일어서서 집으로 간다. 나중에는 아예 깡통을 기도하는 옆에 갖다 놓고 밤을 새웠다. …… 다만, "주여" "주여"를 되풀이하다 보면 어느 사이에 "어이 추워, 어이 추워"로 바뀌어 버린다. 어쩌다가 지쳐 그 자리에 쓰러져 잠이 들면 온통 바지가 젖어있었다. 젖은 바지는 그대로 빳빳하게 얼어 버렸다.[17]

그는 '차라리 죽어 버리길 바라'고 기도했다고 한다. 그것은 "나의 몸을 치료하여 주소서"라는 간절한 기도였을 것이다. 그의 기도는 자신을 질고에서 건져 주시기를 간구하는 것이었다. 덧붙여 권정생이 생활고와 건강의 악화로 인해 그만둘 수밖에 없었던 학업에 대한 갈망 또한 하나님께 기도에 실어 올리지 않았을까? 하는 생각이 든다. 권정생의 기도는 대략 다음과 같지 않았을까?

하나님! 제가 너무 고통스럽습니다. 저를 치료해 주세요. 하나님! 초등학교 졸업으로 더 공부하지 못한 것이 너무 슬픕니다. 저의 중학교 진학을 위해서 어머니가 너무 고생하셨고 저도 일하다가 병을 얻었습니다. 하나님! 제가 건강을 회복하고 공부를 더 하게 해주세요. 최선을 다해 준비했는데 공부하지 못한 것이 너무 억울합니다. 저의 억울함을 풀어주세요.

이렇듯 간절한 기도에 하나님은 응답하셨을까? 표면적으로 보면 하나님께서 그의 간구에 응답하지 않으신 것 같다. 그의 건강은 회복되지 않고 점점 더 악화되었다. 헌신적인 어머니의 간호로 그의 건강이 호전되는 것처럼 보였지만, 그의 나이 27세 되던 1964년에 어머니가 돌아가신 후 더는 손쓸 수 없을 만큼 건강이 악화되었다. 앞서 언급한 것처럼 19세에 늑막염과 폐결핵으로 시작된 그의 질병은 결국 전신 결핵으로 발전하였다. 견디다 못한 그는 29세가 되던 1966년에 콩팥 한쪽과 방광을 들어내는 수술을 하였다. 평생 그는 질고에 시달리며 살 수밖에 없었다. 3일 동안 글을 쓰면 열흘 이상 끙끙 앓으며 누워있어야 했을 정도로 말이다.

이러한 측면에서 본다면 하나님께서 권정생의 기도를 철저히 외면하신 것 같다. 사실 그와 같은 상황에서 권정생이 '하나님의 부재(不在)'를 말할 수 있지 않았을까? 그러나 그는 하나님의 부재하심을 말하지 않았다. 오히려 그가 기도해 주는 대상이 이웃에서 북한으로, 그리고 세계로 확장되었다. 그의 주위에 사는 가난한 이웃들, 그리고 굶주리는 북한 어린이들과 전 세계 분쟁지역에서 살아가는 어린이들로 확장된 것이다.

과연 하나님께서는 권정생의 간절한 기도를 외면하셨을까? 나는 그렇지 않다고 생각한다. 그 이유는 크게 두 가지이다.

첫째, 그는 29세 때 콩판 한쪽과 방광을 들어내는 수술을 받았다. 그때 그 수술을 집도한 의사와 간호사는 그의 기대 수명을 6개월에서 2년으로 생각하였지만, 그는 이후 40년을 더 살았다. 물론 70세에 소천한 그가 장수한 것이라고 보기는 어렵지만, 그는 의학적인 판단을 훨씬 넘는 삶을 영위하였다. 그는 소천하기까지 100여 편이 넘는 작품을 남김으로 써 아동문학계는 물론, 한국 기독교 사상에도 지대한 영향을 끼쳤다.

둘째, 비록 초등학교 졸업이 그의 최종 학력이었지만 그는 현재 수많은 사람으로부터 존경받아 마땅한 석학일 뿐만 아니라 영향력이 지대한 사상가로 추앙받고 있다. 수많은 학자가 그의 문학과 사상을 연구하고 있다는 것이 그러한 사실을 방증한다.

이처럼 심층적으로 볼 때, 하나님께서 권정생의 기도를 외면하신 것이 아니라 더욱 풍성하게 응답해 주셨음을 알 수 있다. 일생 질고에서 벗어날 수 없었던 그의 삶의 자리를 볼 때 그는 능히 하나님의 부재를 말할 수도 있었지만, 오히려 그는 누구보다도 진실하게 하나님과 동행하는 삶을 살기 위해 몸부림쳤다.

권정생의 기도를 통해 우리의 기도, 아니 나의 기도를 생각해 본다. 자신이 속한 삶의 자리를 보며 낙망하지 않는가? '쉬지 말고 기도하라'(살전 5:17)는 바울 사도의 말과 '너희가 온 마음으로 나를 구하면 나를 찾을 것이요 나를 만나리라'(렘 29:13)라고 하는 예레미야 선지자의 권면이 들리지 않을 때가 있지 않은가? '나의 기도를 하나님께서 듣고 계실까?', '기도한다고 되기나 할까?' 하는 생각을 하며 탄식하지는 않았는가? 그러나 나는 하나님께서 권정생의 기도를 들으셨음을 발견한다. 하나님께서 한 번도 그를 떠나지 않으셨음을 발견한다. 비록 그가 원한 대로의 기도는 아니었을지 모르지만, 하나님께서는 더 풍성한 것으로 응답하셨음을 발견한다.

권정생의 기도에 더 풍성한 것으로 응답하신 하나님께서는 우리의 기도에도 더 풍성하게 응답하신다. 우리는 때로 하나님의 부재를 생각할지라도 하나님께서는 결코 우리를 떠나지 않으신다. 권정생의 삶은 바울

사도가 말한 것처럼 '쉬지 않고 기도하는 삶', 예레미야 선지자가 말한 것처럼 '온 마음으로 하나님을 찾은 삶'이었다. 하나님은 언제나 권정생과 함께하셨다. 그의 삶을 인도하셨다.

하나님께서는 우리에게도 그리하시리라. 권정생에게 신실하신 하나님은 우리에게도 신실하신 하나님이기 때문이다. 권정생에게서 볼 수 있는 것처럼 어쩌면 하나님께서 우리가 구하는 것과 동일하게 주시지 않을지도 모른다. 그러나 더 좋은 것으로 응답하시는 하나님이심을 믿을 수 있다. 권정생의 삶과 기도는 그것을 말하고 있다.

주님께서 베푸신 성찬[18]

박정희 독재정권에 항거하여 윤보선, 김대중, 정일형 등 정치인들과 함석헌, 윤반웅 등 재야 원로 그리고 김승훈, 함세웅, 문정현 등 가톨릭 신부와 문익환, 문동환, 서남동, 이해동 등 개신교 목사들은 1976년, 명동성당에서 '3·1 민주구국선언'을 발표하였다. 당시 한국신학대학 교수였던 안병무 또한 이 일에 연루됨으로써 중앙정보부 남산분소에서 열흘간 조사를 받은 후 긴급조치 9호 위반 혐의로 기소되어 서대문 구치소로 이송되었다.[19]

구치소로 이감 온 첫날 밤 조사를 받는 가운데 아무것도 먹지 못한 안병무는 몹시 배가 고팠다. 그때 재소자 한 사람이 교도관의 눈을 피해 빵을 던져주었는데, 그 순간 안병무는 '주님께서 죄수를 보내 내게 성찬을 베푸시는구나'라는 생각을 하였다. 당시 감옥에서 안병무가 만난 사람들은 강도, 좀도둑, 소매치기, 강간범 등 익히 접할 수 없었던 사람들이었다.[20] 안병무는 그들을 통해 '주님께서 베푸신 성찬'을 경험한 것이다.

우리는 '주님께서 베푸신 성찬'이라고 하면 교회에서 성스러운 음악이 흐르는 가운데 성직자로부터 받은 성찬을 생각하거나 하늘나라의 호화로운 식탁에 놓인 천국의 산해진미를 생각할지도 모른다. 물론 이 땅에서 사명을 다한 후 천국에서 주님께서 베푸실 화려한 식탁을 우리가 기대하는 것은 어색하지 않다. 그렇지만 이 땅에서 주님께서 베푸시는 식탁은 안병무의 고백에서 볼 수 있는 것처럼 우리의 기대를 깨뜨리기도 한다. 그렇지만 그것은 어떤 산해진미보다도 소중한 음식이다.

1965년 스물여덟 살이 된 권정생은 3개월 동안 밤에는 다리 밑에서 잠자고 낮에는 음식을 구걸하는 거지 생활을 한 적이 있다. 그 기간 동안 권정생에게 도움을 베푼 사람들은 가난한 시골 사람들이었다. 그의 이야기를 들어 보자.

> 나는 오랜 세월 병고에 시달려 왔기 때문에 직접 간접으로 사람들에게 많은 신세를 져 왔다. 집을 나와 거지 생활을 하던 그 당시도 친절을 베풀어준 많은 사람을 잊지 못한다. 상주 지방, 마을 앞에 우물이 있고 늙은 소나무가 있는 외딴집 노부부의 정다운 모습을 잊을 수 없어 〈복사꽃 외딴집〉이란 동화를 썼다. 열흘 동안 매일 아침 찾아갔지만 한 번도 얼굴을 찌푸리지 않고, 깡통에 밥을 꾹꾹 눌러 담아 준 점촌 조그만 식당 집 아주머니, 가로수 나무 밑에 쓰러져 있을 때 두레박에다 물을 길어 헐레벌떡 달려와 먹여 주시던 그 할머니의 얼굴도, 뱃삯이 없다니까 그냥 강을 건너 주시던 뱃사공 할아버지도 좀처럼 내 기억에 지워지지 않는 얼굴들이다. 이처럼 곳곳에 마음 착한 사람들이 있었기 때문에 나는 얼어 죽지 않고 살아날 수 있었던 것이다.[21]

이는 권정생을 위해 주님께서 베풀어주신 성찬이 아니었을까. 당시 권정생은 죽음이라는 생각이 한순간도 떠나지 않을 만큼 고통스러운 시간을 보냈다. 병든 몸으로 정처 없이 떠돌며 구걸하는 삶은 너무나도 고통스러웠다. 그가 거지 생활을 결심한 이유는 자신을 희생함으로써 집안의 대를 이으려는 데 있었다. 아버지로부터 "막내아들이라도 결혼시켜 집안의 대를 이음으로써 집안을 일으켜야겠으니 한 1년쯤 바람도 쐬면서 나갔다 오라"는 부탁을 받고 아무런 대책도 없이 집을 나선 것이었다.[22] 권정생은 자신의 고통을 '배고픔'이라는 말로 함축하여 말하였다. 당시 그가 쓴, 시 한 편을 읽어 보자.

딸기 밭

새빨간 딸기밭이
보였습니다
고꾸라지듯 달려가 보니
딸기 밭은 벌써
거둠이 끝난 다음이었습니다
알맹이보다 더 새빨간
딸기 꼭지들이
나를 비웃고 있었습니다
불효자에겐
보아스가 룻을 위해 남겨줬던
그런 이삭조차 없었습니다
긴넛산
바위 벼랑 위로
흘러가는 구름이
자꾸 눈앞을 어지럽힙니다
어머니
배가 고픕니다[23]

집을 나선 직후 권정생은 자신의 처지도 비참했지만, 자신에게 있는 보잘것없는 소유조차 나누는 데 망설이지 않았다. 모기도원 앞에서 만난 나병환자에게 기도원 등록비를 주고 그와 함께 기도원에 있는 동안 먹을 것을 제공한 것이다. 집을 나온 뒤 그는 잠시 모 기도원에 머물렀다. 1963년, 교회학교 교사로 정식 임명된[24] 사실에서 알 수 있듯이 권정생은 성실한 신앙생활을 하였다. 자신처럼 결핵을 앓고 있는 친구들이 한 사람, 한 사람 죽어가는 상황[25]에서 그는 하나님께 의지할 수밖에 없었다.

권정생이 기도원을 찾아간 이유가 어쩌면 그곳에서 신유(神癒)를 체험함으로써 건강을 회복하고 싶었기 때문이었는지도 모른다. 권정생은 기도원 입구에서 등록금 50원이 없어서 고개를 떨군 채 목발을 짚고 있는 청년을 위해 등록금을 내주고, 그와 함께 있던 3일 동안 먹을 것을 제공하였다. 비록 매점에서 판매하는 날고구마를 사서 날것 그대로 먹는 것이었지만 말이다.[26]

얼마 지나지 않아 권정생은 실망한 채 기도원을 떠났다. 기도원에 들어온 지 3일 만에 더 머물 수 있는 여건이 되지 않아 떠나는 청년을 보면서 그는 '마치 그 넓은 기도원에 예수님이 계시지 않는 것'같은 생각이 들었다. 더욱이 권정생 자신도 더 머물 수 없는 형편이 되자, 들어온 지 열흘 만에 기도원을 떠났다. 그때부터 권정생의 거지 생활이 시작되었다.

기도원에서 하나님의 사랑을 느끼지 못한 권정생은 오히려 거지 생활을 하는 가운데 주님께서 함께하시는 듯한 위로를 느꼈다. 당시 그가 쓴, 시 한 편을 읽어 보자.

내 잠자리

밤안개 깔린

포플라 나무 밑으로

가랑잎 없이 굴러갔습니다

그날

갈릴리의 밤은

저렇게 달려가는 자동차

헤드라이트의 불빛도

신호등 불빛도 없었겠지요

여우도 굴이 있고

날아가는 새도 깃들 곳 있다시던

그 갈릴리엔

넓은 하늘 반짝이는 별빛만이

오늘 밤도 그렇게 반짝입니다

사람의 손이 만든

콘크리트 다리 밑

오늘 밤은 거기를

빌어 들었습니다

주님

어쩌면 이런 자리에

누추하게 함께 주무실는지요[27]

권정생이 거지 생활을 하는 동안 사람들이 나누어준 음식은 그가 생존하는 절대적인 양식이 되었다. 그야말로 주님께서 베푸신 성찬이었다. 권정생은 동화작가가 된 후에도 한동안 경제적 어려움에서 벗어나지 못했다. 1974년, 이오덕이 권정생을 이현주에게 소개하면서 처음으로 한 말은 "일 년에 총수입이 이천칠백 원이라 합디다"였다.[28] 그 기간 권정생은 종종 그의 이웃들이 나누어주는 음식을 받았다. 이현주가 권정생에게 "형은 지가 젤 불쌍하면서 남들 불쌍하다는 말만 해!"[29]라고 핀잔을 주었던 것처럼 종종 권정생에게 음식을 나누어준 이웃들도 빈곤한 삶을 이어가는 사람들이었다.

　동화작가로 널리 알려짐에 따라 경제적 형편이 훨씬 나아졌음에도 불구하고 권정생은 작은 흙집에 살았고 소박한 음식을 먹었다. 자신을 위해서는 최소한의 생활비만 쓰면서 어려운 사람들을 돕는 데는 인색하지 않았다. 그의 나이 70세, 의료사고로 소천하자 기자들이 몰려오고 그의 죽음을 애도하는 많은 사람이 몰려오는 것을 보고 그의 이웃들은 적잖게 놀랐다. 오랫동안 이웃들에게 권정생은 홀로 사는 외롭고 가난한 노인으로 여겨져 왔기 때문이었다. 그의 예금통장 잔고가 오천만 원에 달하고 약 10억 원에 달하는 인세가 있음이 알려졌을 때 그의 이웃들은 더욱 놀랄 수밖에 없었다. 그리고 그가 남긴 유언의 내용이 모든 재산을 '어려운 이웃을 위해 써 달라'였다는 소식은 권정생의 이웃은 물론 그를 사랑하는 많은 사람들에게 신선한 충격과 잔잔한 감동을 주었다.

　나의 통장에 있는 돈으로 옥수수를 사서 굶주리는 북한 어린이들이 먹도록
　해주시오.

권정생이 경험한 것처럼 우리도 일상에서 주님께서 베푸신 성찬을 경

험하며 살고 있지 않을까. 주님께서는 우리에게 주위의 평범한 손길을 통해 성찬을 베풀어주신다. 고난 속에 있을 때 더욱 그렇다. 안병무가 경험한 것처럼, 권정생이 경험한 것처럼 말이다. 때로는 나보다 더욱 어려운 이웃으로부터 주님의 성찬을 공급받을 때도 있다.

권정생이 어려운 이웃들로부터 받은 주님의 성찬은 그의 손길을 통해 국내외 어린이들에게 퍼져 나갔다. 누군가로부터 우리가 받아 온 주님의 성찬도 우리의 손길을 통해 널리 널리 퍼져 나가야 한다. 지금 내가 넉넉하지 않은 것 같아도 나눌 것이 있다. 주님의 성찬은 머물러 있지 않고 널리 퍼져 나가기 때문이다. 혹 나의 삶에 기쁨이 없다면 내 손을 움켜쥐고 있기 때문이 아닐까. 지금까지 주님의 성찬을 공급받아 살아왔음에도 불구하고 말이다. '닥터 러브(Dr. Love)'라는 애칭으로 잘 알려진 레오 버스카글리아(Leo Buscaglia)[30]는 "우리는 언젠가부터 베푸는 법을 완전히 잊어버렸습니다"[31]라고 한탄하였다. 기쁨을 상실한 삶을 사는 현대인의 모습을 잘 말해주고 있다.

나에게 있는 보잘것없는 소유라도 나눌 때 주님께서는 우리에게 기쁨을 주신다. 그것은 내 것이 아니라 주님께서 베푸신 성찬이기 때문이다.

예수님을 따르는 삶

권정생의 유년 동화『또야 너구리가 기운 바지를 입었어요』서문에는 어린이를 향한 그의 깊은 사랑이 잘 담겨 있다. 이 글에 담긴 권정생의 사랑은 그의 작품을 읽는 모든 독자에게 잔잔한 울림으로 다가온다.

무엇 때문에 동화를 읽어야 할까요? 엄마하고 선생님이 "읽어라, 읽어라" 하니까 할 수 없이 읽는다고요? 그래요. 무엇 때문에 재미없는 동화를 자꾸 읽으라고 하는지 어린이들도 짜증스러울 거예요. 어린이들에게 힘겨운 일이 얼마나 많아요. 학교 가서 공부하고, 집에 와서 숙제하고, 학원 가야 하고, 하루 종일 눈코 뜰 새 없이 바쁜데 책까지 읽는다는 건 얼마나 힘들까 걱정스럽답니다. 그래서 감히 책을 읽으라고 용기 있게 말할 수 없습니다. 그런데 또 이런 동화책을 내게 되었습니다. 정말 미안합니다. 마음껏 뛰어놀고, 동무들과 사이좋게 얘기하고, 만화영화도 보고 싶을 텐데, 감히 책을 읽으라고 하기가 미안해진답니다. 그러니 아주 조금씩 꼭 읽고 싶을 때만 읽으세요. 세상은 살기가 아주 힘든 곳이랍니다. 그래서 그 힘든 세상을 어떻게 살아야 할지 조금씩이라도 배워야 하거든요. 동화를 읽는 것도 그런 뜻에서 필요하답니다. 또야 너구리가 무엇을 깨달았는지 한 번 보세요. _2000년 12월에 권정생[32]

어른으로서의 권위주의를 전혀 느낄 수 없다. 오히려 자신의 작품을 읽도록 하는 것이 어린이들에게 또 하나의 부담을 주는 것이 아닌가 하는 반성과 함께 숨 가쁠 만큼 여유 없는 일상을 살아가는 어린이들을 향한 동정과 애정이 가득 담겨 있다. 권정생이 이렇듯 어린이들에게 동정과 깊은 애정을 갖게 된 이유가 무엇일까?

사실 권정생은 그가 먼저 어린이들을 사랑했다기보다는 먼저 어린이들로부터 사랑받았다. 1966년 방광과 콩팥 하나를 절제하는 수술을 받은 후 다음 해 초, 그가 사는 조탑리로 돌아왔을 때 그의 얼굴색은 흑(黑)빛에 가까웠다. 생명 유지를 위해 콩팥 하나를 남겨 두었지만, 그 또한 기능이 거의 상실된 상태였기 때문이다. 사람들은 그의 얼굴이 귀신같다며 수군거렸지만, 그가 가르친 일직교회 주일학교 어린이들은 "선생님, 선생님" 하며 변함없이 그를 따랐다.[33]

권정생은 부산에서 재봉기 가게 점원으로 일하다가 늑막염과 폐결핵이 발병하여 1957년 집으로 돌아와 투병 생활을 시작했다.[34] 어려운 형편으로 별다른 치료를 받을 수 없었지만, 어머니의 헌신적인 간호로 건강이 호전되자, 1963년 교회학교 교사로 정식 임명되어 어린이들을 가르치기 시작했다.[35] 신문도, 라디오도 없고 책 한 권 빌려 볼 수 없는 산골에서 유일한 읽을거리인 성경을 통해 마음을 무한히 넓힐 수 있었던 권정생이었기에 그는 어린이들에게 훌륭한 성경 교사였을 뿐만 아니라[36] 마을에서 유일한 방과 후 교사이기도 했다.

권정생은 주일학교 수업이 끝나면 동화책을 읽어주고 종종 어린이들과 함께 인형극을 공연하였다. 부산 재봉기 가게에서 일할 때 배운 재단 기술로 인형과 인형 옷을 만들어 방정환의 번안동화집 『마음의 선물』에 수록된 동화들과 성경 이야기, '팥죽 할머니' 등 구전동화들을 어린이들이 손가락에 인형을 끼우고 권정생이 종이에 그린 배경 몇 장을 남포등으로 비추어 공연하면 어린이들은 물론 마을 주민들까지 재미있게 관람하였다.[37] 이러한 경험은 권정생의 동화 창작으로 이어졌다.[38]

이렇듯 권정생에게 동화 창작의 계기가 되어 준 마을 어린이들 대부분은 가난했다. 그들 가운데 많은 수가 중학교 졸업 후 상경해서 돈을 벌었다. 이들의 가난 뒤에는 고난의 역사가 있었다. 마을 사람 가운데는 동학군의 후손, 구한말 의병의 후손, 만주 독립군의 후손이 있었고 6·25전쟁 때 돌아오지 못한 군인의 가족, 베트남전쟁에서 아들이 전사한 가족도 있었다. 가난한 사람들은 그의 집이 있는 빌뱅이 언덕에 피어나는 들꽃만큼 많았다. 그곳에 사는 아이들은 죄다 가난하다 해도 과언이 아니었다.[39]

처음에는 농촌의 가난한 어린이들로부터 시작된 연민이었으나 점차 제도권 교육을 받으며 어른들의 입맛에 따라 살아야 할 뿐만 아니라 무한 경쟁에 방치된 어린이와 청소년들로 확장되었다. 권정생은 이현주 목사에게 보낸 편지에서 그가 목격한 어느 여고생의 죽음에 대하여 다음과 같이 자책하였다.

며칠 전 이곳 시내 고등학교 학생 교련 시범식이 있었다. 비를 맞으면서 그들이 받아 온 훈련을 관계 기관장들 앞에서 해 보이는 것인데 다음 날, 여고생 하나가 숨을 거두었단다. 뒤늦게 알았는데 그 여고생은 선천성 심장판막증이라는 지병을 앓고 있었단다…. 나는 하느님 앞에서 과연 용서받을 수 있는 인간인지 두렵다…. 난 정말 어찌했으면 좋을까? 아무것도 하지 못하고 괴로워하기만 하다가 죽는가 싶다. 억울하게 죽어가는 많은 목숨들이 바로 앞에 있는데도, 제 혼자 살려고 오늘 아침에도 꾸역꾸역 숟가락을 입에 쑤셔 넣었다. 용서받지 못할 이 위선자…![40]

이렇듯 슬픈 일들을 보며 권정생은 하나님께 원망에 찬 기도를 올리기도 하였다.

하느님, 이렇게 하느님은 힘센 쪽의 하느님이시고 이기는 쪽의 하느님이시니 힘없고, 볼품없는 이들은 너무도 가엽지 않습니까···? 이 세상 모든 약한 이들은 폭력에 의해 죽어가면서 하느님께 슬프게 부르짖고 있습니다. 하느님은 왜 힘없는 사람, 죄 없는 사람, 착한 사람을 이렇게 죽도록 버려두느냐고 울부짖고 있습니다···.[41]

이현주는 이를 일컬어 '머리털이 곤두서는 반항'이라고 표현하였다.[42] 권정생의 원망에 찬 기도가 이 땅에서 함께 살아가는 약자들에 대한 연민을 의미하는 것이었음은 물론이다. '하느님은 힘센 쪽의 하느님'이라는 표현은 이른바 기독교 국가로 일컬음 받지만 역사적으로 제3세계를 착취한 구미 선진국들, 당시 사회적 약자들에게 관심을 말하는 복음보다는 부(富)를 추구하는 복음을 말하는 한국교회[43]에 대한 꾸짖음이었다. 권정생은 교회의 실천 없는 사랑에 대하여 다음과 같이 말하였다.

하느님의 뜻에 맡기는 것은 거룩한 성전에서 값싼 눈물로 조용히 기도하는 것이 아니라, 당당하게 현장으로 나가서 온 영혼과 몸을 내던지는 그것입니다.[44]

다음과 같은 권정생의 고백은 '하느님은 힘센 쪽의 하느님'이라는 표현과 상반된다. 그가 이해하는 하나님은 이른바 임마누엘의 하나님이다 (마 1:23).

하느님은 사람이 있는 곳이면 어디에서나 계시기 때문입니다. 수인들이 갇혀 있는 캄캄한 지하 감옥에도 계시고, 기계 소리가 요란한 공장 일터에도 계시고, 창녀들이 몸을 파는 어두운 뒷골목에도 계시기 때문입니다.[45]

이른바 순수복음을 내세우는 가운데 정교분리를 명목으로 친권력적 속성을 내포한 당시(1970~80년대) 한국교회에 대하여 권정생은 참으로 강한 질타를 하였다.

교회는 정치와는 떨어져 순수한 도덕적 수양만으로 높은 신앙인이 되라고 가르치면서, 어쩌면 교회는 그렇게 정치와 결탁해서 하느님의 자녀들을 기만하는 것입니까? 갈보리산 언덕에서 죽은 예수님은 진실로 정치와 대결했던 인간이었습니다. 예수님은 이 세상의 모든 정치를 부정했기 때문에 죽은 것입니다. 정치를 비판하다 보니 왕의 미움을 샀고, 사제들의 미움을 샀고, 로마의 앞잡이들에게 미움을 산 것입니다. 헤롯이 백성들을 도탄에 빠뜨려도, 사제들이 성전에서 장사꾼이 되어도 강대국이 유대 나라를 짓밟아도 예수님이 순수하게 복된 말씀만 전했더라면 그에게 십자가는 있을 수 없습니다.[46]

권정생이 이해하는 예수님은 참으로 약자와 함께 계시는 분이다.

예수님이 살아생전에 언제나 가난한 사람들과 함께, 자신도 가난하게 산 것은 이 세상의 그 누구도 다 감동을 받고 있습니다. 그는 헐벗은 사람과 함께 헐벗었고, 굶주린 사람과 함께 굶주렸고, 그리고는 옥에 갇히고 형틀에 매여 죽임을 당한 것입니다.[47]

이를 통해 권정생이 말하는 예수님을 본받는 삶, 예수님을 따르는 실천에 대해서 알 수 있다. 그는 평생 가난한 사람들의 이웃으로 살았고 그들의 친구가 되었다. 사실 권정생 자신이 가난한 사람이었다. 인세 수입이 많아짐에 따라 풍족한 생활을 누리게 되었을 때도 그는 최소한의 생활비 외에는 쓰지 않고 다른 사람을 위해 썼다. 그가 생각하는 '가난이란 바로 함께 사는 하늘의 뜻'이었다.[48] 그것이 권정생이 이해하는 예수님의 삶이었다.

그의 나이 28세이던 1965년, 권정생은 3개월 동안 대구, 김천, 상주, 점촌, 문경을 떠돌며 거지 생활을 하였다.[49] 그 기간에 권정생은 성경의 세계를 몸으로 체험할 수 있었다. '가장 가깝게 나의 주 예수님을 사귈 수 있었던 기간이었다'[50]라는 고백에서 알 수 있듯이 권정생은 예수님에 대한 실존적인 체험을 할 수 있었다. 이후 권정생의 삶은 누구보다도 충실히 예수님을 따르는 삶이었다. 물론 그가 처한 환경 때문이기도 했지만, 이후 풍족한 생활이 가능해졌을 때도 그러한 삶에서 떠나지 않았다.

복음서를 보면 예수님을 따른 대부분이 소외된 사람들이었음을 알 수 있다. 사회에서 지탄받는 창기와 세리가 예수님을 따랐고 예수님의 제자로 지명받은 열두 제자 가운데 대부분이 사회의 주류와 거리가 멀었다. 예수님은 이 땅에서 그들을 섬기며 그들 앞에서 친히 약자가 되어 주셨다. 그러나 강자 앞에서는 강한 모습을 보이셨다. 예루살렘의 대제사장 앞에서, 유다의 왕 헤롯 앞에서, 심지어 로마 총독 빌라도 앞에서 예수는 강한 모습을 보이셨다. 그러나 당시 가장 약자였던 어린이들 앞에서는 그들을 섬기는 모습을 보여주셨다(눅 18:15-16).

서두에 언급한 것처럼 권정생은 먼저 어린이들로부터 사랑을 받았다. 그것이 그가 아동문학 작가가 되는 계기가 되었다. 그러므로 권정생은 어린이들에 대한 사랑과 연민은 물론, 부채감 또한 지니게 되었다. 그는 소천하기 2년 전에 미리 작성해 놓은 유언장에 '내가 쓴 모든 책은 주로 어린이들이 사서 읽는 것이니 여기서 나오는 인세를 어린이에게 되돌려 주는 것이 마땅하다'라는 당부를 남겼다.[51] 그가 소천한 2007년까지 권정생은 북한의 굶주리는 어린이들과 중동, 티베트 어린이들을 걱정했다.

권정생을 통해 진정 예수님을 따르는 삶이 무엇인가에 대해 생각해 본다. 그것은 강한 자에게 강한 자가 되고 약한 자에게 약한 자가 되는 것이 아닐까. 기득권이 되고 싶은 욕망으로부터 자유하고 가난을 '하나님께서 주신 은혜'로 알며 자족할 수 있을 때 그야말로 강자에게 강자가 되고 약자에게 약자가 될 수 있지 않을까. 예수께서 빌라도를 비롯한 강자들 앞에서 강자가 되고 어린이들 앞에서 약자가 되신 것처럼 말이다. 권정생이 눈물겨운 마음으로 어린아이들을 사랑하고 자신이 가진 모든 것을 내어 준 것처럼 말이다. 예수님을 따르는 것은 또한 진심으로 사람을 사랑하는 것이기도 하다. 진심으로 사람을 사랑하는 것이 그리스도를 사랑하는 것이라는 그의 말처럼 말이다.

나의 사랑은 이렇게 사람을 찾는 것으로 바뀌었다. 그것이 곧 그리스도를 만나는 일이기 때문이다. 단 한 사람이라도 족하다. 사람을 낳아 그를 사랑하면 곧 그리스도를 사랑하는 길이 된다. 피와 피가 통하는 사랑, 그것만이 그리스도와 나와의 사랑인 것이다.[52]

하나님께서 주신 복

널리 알려진 것처럼 1960년대는 국민 대다수가 굶주린 '보릿고개 시절'
이었다. 특히 농촌은 식량이 절대 부족했기 때문에 초근목피로 살아가는
경우가 많았다. 그런데 권정생에 따르면 많은 사람이 굶주린 보릿고개
시절에도 흉년과 보릿고개를 알지 못했던 농촌 사람들이 있었다고 한다.
그의 이야기를 들어 보자.

> 샛들이라는 마을은 50여 호가 살고 있는 산골 외딴곳이다. 교회가 들어온 지
> 백 년이 가까웠는데, 60년대까지만 해도 그 마을 전체가 지상천국이었다. 언
> 덕배기와 산비탈로 옹기종기 모인 초가집과 함석지붕의 교회당이 있었다. 집
> 집마다 자급자족할 수 있는 농토를 가졌기 때문이다. 흔히 말하기를 옛날 보
> 릿고개 때 굶는 사람이 많았다고 했는데, 그 까닭은 농토가 없는 가난한 소작
> 인들이 대부분이었기 때문이다. 그때도 지주들은 흉년을 모르고 보릿고개도
> 없었다.[53]

권정생의 증언은 지금까지 알려진 1960년대 한국 농촌의 보릿고개에
대한 새로운 사실을 가르쳐 준다. 그것은 대다수 농촌 사람들의 굶주림
이 식량 생산 부족이 아닌 분배에 문제가 있었다는 것이다. 농촌교회 또
한 어려움에서 벗어날 수는 없었다. 어려운 교회의 살림만큼 교역자의

사례비 또한 빈약했다. 사례비가 좁쌀 한 말, 쌀 몇 되가 전부일 때도 있었다. 교역자 스스로 산에 가서 나무를 해다가 때고, 무너진 교회 담장을 쌓고 우물을 파는 것이 상례였다.[54]

지금은 보릿고개 시절이라는 말이 '고생스러웠던 지난 시절'을 회상하는 의미로서 문학작품이나 영화, 혹은 가요 등의 소재로 등장할 뿐이다. 가난의 상징처럼 여겨지던 초가집도 보이지 않는다. 우리나라가 급속한 성장을 이룬 것은 대략 1970년대 이후이다. 그런데도 권정생은 1970년대를 한국교회의 인간성 상실이 급속해진 시대라고 말한다. 갑자기 '권위주의, 물질만능주의' 그리고 '신비주의'까지 밀려와서 한국교회의 인간성 상실의 역할을 단단히 했다는 것이다.[55]

이 시기 교회에는 큰 교회 목회자와 작은 교회 목회자, 도시교회 목회자와 농촌교회 목회자에 대한 차별이 발생하고, 이와 같은 인간 차별은 평신도들까지 서먹서먹하게 만듦으로써 '겉으로는 웃으면서 인사를 해도 마음을 드러내 놓고 얘기할 상대가 없어지도록 하였다'라고 한다.[56] 그런데 가장 큰 문제는 하나님에 대한 믿음의 변질이다. 권정생의 표현에 따르면 '하느님께 의지하는 믿음이 아니라 하느님을 이용하여 출세와 권력과 돈을 얻으려 하고, 이것이 바로 그 사람의 믿음의 큰 부분을 차지하게 된 것'이다.[57] 권정생은 심지어 "예수 믿어 삼 년 안에 부자 못 되면 그것 때문에 '문제 교인'이 된다"라고까지 말하였다. 이러한 표현은 다소 과장된 것으로 보인다. 하지만 이런 측면에서 권정생은 다음과 같이 말하기도 하였다.

보통 예수 믿으면 3년 안으로 부자 된다는데, 저는 20년 믿어도 아직도 가난 때문에 화가 난 건지도 모릅니다. 건강 축복, 물질 축복, 가정 축복, 장수 축

복, 만사형통한다는데 저는 한 가지도 얻지 못했으니⋯.[58]

스스로 말한 것처럼 권정생은 건강 축복, 물질 축복과는 거리가 있는 삶을 살았다. 권정생뿐만 아니라 그를 둘러싼 이웃들 대다수가 그러하였다. 당시 많은 이들이 그와 같은 축복과 거리가 있는 삶을 산 이유는 부익부 빈익빈 현상에 따른 분배의 불평등에 의한 것이었다. 그런데도 한국교회 일각에서는 부를 축적하는 것을 '하나님께서 주신 복'으로 이해한 것이다. 그러나 권정생이 볼 때 이와 같은 부의 축적은 하나님께서 주신 복이 아니었다. 그의 이야기를 들어 보자.

사람들이 현재 누리고 있는 풍요나 교회 헌금의 수량을 가지고 모들쳐서 하느님의 축복이라고 말해서는 절대 안 된다. 모든 물질은 이 세상 모든 생명들에게 각자의 몫이 골고루 나뉘어졌을 때 진정한 축복이 되는 것이다. 거기서 사람들도 정당한 자기 몫으로 살면서 다른 목숨들한테 피해를 주지 않고 평화를 이룰 때만이 우리는 하느님께 진정한 감사를 할 수 있는 조건을 갖추게 된다.[59]

만약! 물질의 복, 건강의 복을 받은 사람만이 하나님의 복을 받은 사람이라면 성경에 등장한 많은 이들이 하나님의 복을 받지 못한 사람일 것이다. 그 가운데 대표가 구약성경에 나오는 욥이다. 그는 본래 많은 재산과 자녀가 있는 거부(巨富)였지만, 세 차례 시험 속에서 모든 재산과 건강 그리고 자녀들을 잃었다. 물론, 이후 하나님께서 자녀와 재산 등에서 두 배의 복을 내려 주셨지만, 욥이 경험한 연단은 건강과 물질의 복이 반드시 하나님께서 주시는 복과 일치하지 않음을 말하고 있다. 그밖에 예수님을 비롯해 성경에 나오는 예언자들 가운데 다수도 그러한 복과는 거리가 멀다. 권정생은 20대 시절 집을 나와 떠돌아다니는 생활을 경험한 약석 달 동안에 대하여 다음과 같이 회상하였다.

> 들판에 앉아서 읽었던 성경은 생생하게 몸으로 체험할 수 있었다. 머리로 읽은 성경은 자칫하면 환상에 그치고 말지만 실제로 체험하면서 읽으면 성경의 주인공과 대화하는 느낌이 드는 것이다. 나는 몇 번이나 죽음과의 싸움에서 눈물의 선지자 예레미야를 만났고, 아모스를, 엘리야를, 애굽에 팔려 간 요셉을, 그리고 세례 요한을, 사도 바울을 만나 볼 수 있었다. 그리고 가장 가깝게 나의 주 예수님을 사귈 수 있었던 기간이기도 했다.[60]

권정생이 이처럼 회상할 수 있었던 이유는 성경을 통해 만난 인물들의 고난이 당시 자신에게 크게 공감되었기 때문일 것이다. 선지자 아모스는 다음과 같이 말하였다.

> 내가 너희 절기를 미워하여 멸시하며 너희 성회들을 기뻐하지 아니하나니, 너희가 내게 번제나 소제를 드릴찌라도 내가 받지 아니할 것이요. 너희 살진 희생의 화목제도 내가 돌아보지 아니하리라. 네 노래 소리를 내 앞에서 그칠찌어다. 네 비파 소리도 내가 듣지 아니하리라. 오직 공법을 물같이 정의를 하수같이 흘릴찌로다(암 5:21-24. 개역한글).

아모스가 선지자로 활동하던 당시의 북 이스라엘은 국가적으로 황금기를 누렸다. 주변 강대국들로부터 독립국가로서 지위를 누렸고 경제적으로도 번영을 누렸다. 주변 강대국인 앗시리아, 시리아, 이집트 등이 복잡한 자국 사정으로 인해 북 이스라엘을 침략하거나 위협할 엄두를 낼 수 없었다. 이러한 외교적인 상황으로 독립과 평화의 시기를 맞이한 북 이스라엘은 무역을 확장하면서 경제를 활성화할 수 있었는데, 이러한 국가적 자원들을 모두 자국의 경제력 향상에 투자함으로써 유례없는 부를 축적할 수 있었다.[61]

언급한 아모스서 본문에서 볼 수 있는 것처럼 종교예식도 성대하게 치렀다. 그러나 심층적으로 보면 다양한 사회적 부작용이 발생하였음을 알 수 있다. 적은 수에 불과한 권력 있는 정치가들과 부자들은 긴밀하게 유착하여 불법을 저지르고, 가난한 백성들의 재산을 착취하였다. 그들은 부동산 투기 등 다양한 방법으로 개인의 부를 축적하는 데는 관심을 가졌지만, 그들 주위의 생존을 위해 몸부림치는 가난하고 소외된 사람들에게는 관심을 두지 않는 개인주의자들이었다.[62]

그들은 자신이 누리는 부를 '하나님께서 주신 복'으로 생각하였을 것이다. 그들은 절기에 따라 제사장 앞에 나아가 번제와 소제를 드리고 성대한 종교의식을 행함으로써 자신의 신앙적 책무를 다한다고 생각했지만, 하나님이 보시기에 가증할 뿐이었다. 선지자 아모스는 '오직 공법을 물같이 정의를 하수같이 흘리라'라고 하였다. 이는 공정한 분배가 하나님이 보시기에 중요함을 의미한다. 부유함이라고 해서 모두 하나님께서 주신 복이라고 할 수 없고, 진정 하나님께서 주신 복은 권정생이 말한 것처럼 '모든 물질을 이 세상 모든 생명이 각자의 몫만큼 골고루 나누었을 때 비로소 완성되는 것'임을 선지자 아모스의 말을 통해서 알 수 있다. 그것은 비단 사람들 사이에서 국한되지 않고 자연에까지 확장된다. 공평한 분배를 통한 사람 사이에서의 평화, 사람과 자연과의 평화가 이루어질 때 비로소 하나님께서 주신 복이라고 할 수 있는 것이다.

1970년대 이후 지금까지 한국교회에는 '적극적 사고방식', '가능성 개발', '기복 신앙', '긍정의 힘', '삼박자 구원', '건강과 번영과 복음' 등이 마치 복음처럼 이해되었다.[63] 물론 가난을 숙명처럼 여겨 왔던 한국 그리스도인들에게 이와 같은 '강령'이 어느 정도 긍정적 역할을 한 것은 사실이다. 그러나 이 자체가 복음처럼 여겨졌고 공동체가 아닌 개인주의적 차원에서 적용되었음 또한 부인할 수 없다. 개인주의적 차원에서의 부는 결코 하나님께서 주신 복일 수 없다.

서두에 언급한 권정생의 말에서 우리는 보릿고개가 공정하지 않은 분배에서 비롯된 것임을 알 수 있었다. 농민 대부분이 초근목피로 연명하던 때에도 적은 수의 지주들은 풍족함을 누린 것이다. 비록 부유하지는 않다고 해도 자급자족할 수 있는 농토를 소유한 이들은 보릿고개를 경험하지 않을 수 있었다.

소유가 공평하게 분배되지 못한다면 결코 하나님께서 주신 복이 될 수 없다. 그것이 적은 수의 사람에게 독점된다면 그들은 "하나님께 복을 받았다"라고 말할지라도 그것은 오히려 재앙이 될 수 있다. 권정생이 말한 것처럼 '인격적인 차이', '인간 차별', 그리고 '인간 소외'가 발생함으로써 공동체 전반이 병들기 때문이다. 하나님을 의지하는 믿음이 아니라 하나님을 수단으로 여기는 신앙의 왜곡이 일어날 수 있기 때문이다.

물론 1970년대 한국 사회와 한국교회의 현상을 지금에 그대로 적용할 수만은 없다. 그러나 권정생을 통해 알 수 있었던 것처럼 공정한 분배가 일어날 때 보릿고개와 같은 빈곤 현상이 일어나지 않음을 우리는 염두에 두어야 한다. 오늘날 분배를 말하면 사회주의자, 심지어 공산주의자라고 하고 '교회의 사명은 자유시장 경제를 지키는 것'이라는 목소리도 있다. 그러나 생각해 보자. 과연 자유시장 경제를 지키는 것만이 교회의 사명인가.

자본주의를 뒷받침하는 도덕성 세 가지는 근면, 금욕, 그리고 가난한 사람의 구제이다.[64] 이 세 가지 요소가 잘 갖추어졌을 때 자유시장 경제는 모두가 공존할 수 있는 이상적 경제 체계로 작용할 수 있다. 그러나 역사 속에서 과연 도덕성이 기반된 자본주의가 제대로 이루어진 경우가 얼마나 있는지 생각해 보아야 한다.

19세기 중반, 어느 날 밤에 영국인 목회자 한 사람이 산책하려고 런던 거리로 나가서는 늦게까지 귀가하지 않았다. 집에 있던 아내는 늦은 시간까지 돌아오지 않는 남편으로 인해 얼굴에 수심이 가득하였다. 마침내 집으로 돌아온 남편의 얼굴은 공포로 가득 차 있었다. 그는 떨리는 음성으로 이렇게 말하였다. "여보! 나 지금 지옥을 보고 왔소." 그는 산업혁명의 여파로 빈곤에 시달리는 빈민들의 참혹한 삶을 목격한 것이다. 그의 이름은 윌리엄 부스(William Booth)이다. 영국 감리교회 목사였던 그는 이 경험을 기점으로 아내와 함께 빈민가로 들어가서 복음을 전하며 그들을 섬기는 사역을 하였고, 이 운동은 1878년 구세군이라 명명되고 차츰 발전하였으며 오늘날 전 세계로 퍼졌다. 만약! 윌리엄 부스가 1960년대 한국 농촌에 왔다면 이런 말을 하지 않았을까? "나는 한국에서 지옥을 보았습니다."

물질을 개인이 축적할 때가 아닌, 공동체 구성원에게 각각 필요한 만큼 분배가 이루어질 때 비로소 '하나님께서 주신 복'을 누릴 수 있다. 만약! 개인 혹은 극소수가 하나님께서 주신 물질을 독점한다면 그것은 하나님께서 주신 복이 아니라 '바알 신앙'에서 말하는 복으로 변모될 수밖에 없다. 바알 신앙은 물질의 복과 쾌락은 약속하지만, 그로 인한 국가 윤리의 무너짐으로 공동체가 허물어지도록 만든다. 진정 '하나님께서 주신 복'은 모든 구성원이 필요만큼 공급받을 때 이루어진다. 권정생은 우리에게 그것을 다시 한번 확인시켜 주었다. 권정생은 일생 부유하지 않았고 건강하지도 않았다. 가정조차 이루지 못했다. 그렇지만 그는 누구보다도 하나님께서 주신 복을 누리며 살 수 있었다. 자신이 가진 것을 기꺼이 나누며 아름다운 삶을 살았기 때문이다. 비록 '동화를 남기고 간 가난한 종지기'[65]였지만 말이다.

사랑의 매

권정생은 선생님의 꾸짖음과 회초리를 반대하지 않았다. 그러나 그것이
사랑이라는 본질에서 어긋나면 잊을 수 없는 폭력이 된다고 우리를 일깨
워 주었다. 1993년 7월 어느 날 경상북도 봉화에서 열린, '유기농 실천 전
국협의회 모임'에 참석한 권정생은 일행들과 함께 울진 불영계곡을 관광
하던 중 인솔 교사로부터 기합을 받는 여학생들을 목격하고 탄식하였다.

> 대형버스와 함께 백 명 가까운 학생들이 줄 서 있었다. 그 옆을 지나가는데
> 여학생 일고여덟 명이 꿇어앉아 벌을 받고 있었다. …… 한 바퀴 돌아 나오
> 는데 이 여학생들이 양손을 뒤통수에 얹고 엉기적엉기적 기고 있었다. 선생
> 님 한 분이 플라스틱 방망이로 여학생들의 머리를 통통 때리며 감시를 하는
> 걸 보자 울컥 열이 치받혔다. 그냥 지나칠 수 없어 선생님한테 가서 "이런 데
> 까지 와서 꼭 이런 식으로 가르쳐야 합니까? 이건 교육이 아닙니다" 했더니
> 선생님은 "누구신데 간섭을 합니까? 이것도 교육입니다" 한다. …… 대구 어
> 느 여자상업고등학교에서 왔다는데 삼청교육대식 교육이 여학교까지 스며들
> 어 있다는 것이 서글퍼졌다. 결국 우리는 일제 잔재부터 군사정부 잔재까지
> 아무것도 청산된 것이 없는 것이다. 그 여학생들은 1993년 7월의 수학여행이
> 평생 동안 상처로 남을 것이다.[66]

권정생이 볼 때 당시 교사의 체벌은 '사랑의 매'와는 거리가 멀었다. 물론 권정생이 체벌을 부정적으로만 본 것은 아니었다. 그는 '폭력교사가 있어서는 안 되지만 사랑의 매를 대는 것은 어쩔 수 없는 일'[67]이라고 하였다. 권정생은 일본과 한국에서 초등학교를 다닐 때 만났던 선생님들로부터 체벌을 받은 경험이 있지만, 그것을 부정적으로 생각하지는 않았다. '비록 매를 대거나 벌을 주지만 더 많이 따뜻하게 보살펴 주는 선생님, 자신이 맡은 제자를 책임지고 가르쳐 준 선생님'으로 기억하였다.[68] 그가 도쿄 혼마치 초등학교 1학년 때 만난 여선생님에 대한 추억이 특히 그렇다.

선생님이 '베끼기 숙제'를 내 준 것을 깜빡 잊었던 권정생은 다음 날 숙제 검사를 시작했을 때 비로소 선생님이 내 준 숙제를 기억하고 가슴이 철렁 내려앉는 두려움을 느꼈다. 어린 권정생은 결국 숙제를 해 오지 않은 다른 친구들과 함께 선생님으로부터 눈물이 핑 돌 만큼 아프게 뺨을 한 대씩 맞았다. 그렇지만 그는 교실에 남아 숙제를 다 한 다음 선생님으로부터 위로와 격려를 받음으로 서운한 마음을 잊을 수 있었다.

나는 제일 먼저 베껴 써서 직원실 선생님께 검사를 받으러 갔다. ㄱ자로 꺾인 긴 복도를 지나 걸어가는데 다리가 후들후들 떨렸다. …… 나는 무심코 살피다 선생님이 먹고 있던 점심밥 그릇에 눈이 갔다. 조그만 그릇에 잡곡밥이 반쯤 담겨 있었고 밥 위엔 깨소금이 약간 뿌려져 있었다. 반찬이라곤 아무것도 없고 보리차 물컵만이 곁에 놓여있었다. 그 사이 선생님은 공책을 다 살펴보고는 내 얼굴을 쳐다봤다. 나는 이렇게 가까이서 선생님과 눈을 맞춰 보기도 처음이었다. 선생님은 약간 웃음 짓는 듯하더니, 빨간 연필로 동그라미 세 개를 그려 주었다. 그러고 나서 "앞으로는 절대 숙제를 잊어버리지 말아, 뺨을 맞아서 아팠지? 수고했으니 어서 집으로 가요"하는 것이었다. 나는 꾸벅 절을 하고는 직원실을 나오면서 어찌나 기뻤던지 하늘을 훨훨 나는 듯 싶었다.[69]

선생님의 따뜻한 한마디는 어린 권정생이 느낀 선생님에 대한 두려움을 씻어 주기에 충분했다. 누구나 학창 시절 학생들을 인격으로 대한 선생님과 그렇지 못했던 선생님에 대한 기억이 있으리라 생각한다. 선생님으로부터 받은 꾸짖음과 회초리의 유무가 아니라, 그것이 사랑에 기반한 것이었는지, 그렇지 않은 것이었는지에 대한 기억이 있으리라 생각하는 것이다. 뿐만 아니라 인격이 훌륭하신 선생님을 만남으로써 선생님을 자신의 역할 모델로 삼는 경우도 있다.

권정생은 어린이들이 선생님으로부터 '꾸지람도 듣고 칭찬도 들으면서 한 사람의 인격자로 자란다'고 보았다.[70] 나는 교직(敎職)은 곧 성직(聖職)이라고 생각한다. 어린이와 청소년 앞에서는 교사가 목회자보다 더욱 성직자가 되어야 한다고 생각하기 때문이다. 사실 교육자로서의 노고는 어린이와 청소년을 한 주에 한두 차례 만나는 목회자보다 적어도 한 주에 다섯 차례 만나는 교사들이 더욱 크다. 그런 상황에서 꾸짖음이 전혀 없이 학생들을 가르치기는 쉽지 않다. 그렇지만 교사의 꾸짖음은 철저히 사랑에 기반되어야 한다. 사랑에 기반되지 않는 꾸짖음은 폭력으로 작용하여 평생 상처로 남을 수 있기 때문이다. 성경은 자녀에게 회초리를 대는 것을 부정적으로 보지 않는다. 잠언에서는 다음과 같이 말씀한다.

아이를 훈계하지 아니하려고 하지 말라. 채찍으로 그를 때릴지라도 그가 죽지 아니하리라. 네가 그를 채찍으로 때리면 그의 영혼을 스올에서 구원하리라(잠 23:13-14).

표면적으로 보면 정말 무서운 표현이다. '아이를 채찍으로 때릴지라
도 그가 죽지 아니하리라'고 하니 말이다. 하지만 이 말씀은 오늘날에 맞
도록 해석해야 한다. 그뿐만 아니라 잠언 1장 8-9절을 통해 위에 언급한
말씀을 이해하는 데 도움을 얻을 수 있다.

내 아들아 네 아비의 훈계를 들으며 네 어미의 법을 떠나지 말라. 이는 네 머
리의 아름다운 관이요 네 목은 금사슬이니라.

즉 자녀들이 장차 행복한 삶을 살아갈 수 있도록 하는 데 부모의 꾸짖
음과 회초리가 적용되어야 한다는 것이다. 자녀를 꾸짖을 때는 단호해야
하지만 꾸짖은 후에 따뜻하게 안아주어야 한다. 자녀를 대하는, 혹은 학
생들을 대하는 우리의 마음은 어떠해야 할까.

성경은 꾸짖음과 회초리를 부정적으로 말씀하지 않는다. 권정생 또한
그것의 필요성을 말한다. 그렇지만 자녀에 대한 꾸짖음은 '단호함과 따
뜻함'이 동반되어야 한다. 나의 경험으로 볼 때 자녀에게, 혹은 우리보다
약한 누군가에게 행사한 감정적인 행동은 두고두고 마음의 짐으로 남는
다. 그 짐은 결코 가볍지 않다. 쉽지 않은 세상을 살고 있고 앞으로도 살
아가야 하는 자녀들과 학생들을 긍휼한 마음으로 언제나 바라보면서 품
어주어야 하는 이유 가운데 또 하나가 여기에 있다. '아름다운 사람 권정
생'[71], '진리에 가장 가까운 정신'[72]을 추구한 '작은 사람 권정생'[73]은 우리
에게 그러한 사실을 가르쳐 주고 있다.

작은 예수

권정생이 세상을 떠난 직후 그와 이웃이었을 뿐만 아니라 일찍이 일직초등학교를 함께 다닌 이대응은 이렇게 회고하였다.

> 그 사람 평생 자신을 위해서 돈 쓰는 것을 못 봤어. 만날 검정 고무신만 신었는데 죽을 때까지 몇 켤레나 신었을까. 동네 사람들이 불쌍하게 생각해서 부녀회에서 김치라도 해다 주면 나보다 더 어려운 사람 갖다 주라고 했어. 참, 겸손하고 천사 같은 사람이지. 예수가 따로 없어.[74]

권정생이 평생 검소하게 살았고 자신이 번 돈 대부분을 다른 사람을 위해 썼다는 것은 널리 알려진 사실이다. '예수가 따로 없다'는 말은 그야말로 그리스도인이 들을 수 있는 가장 명예로운 말이 아닐까. 물론 사람은 결코 예수님처럼 될 수 없다. 우리가 꿈꿔 볼 수 있는 것은 다만 '작은 예수'가 되는 것이 아닐까. 그리고 작은 예수가 되기 위해서는 먼저 사람다운 사람이 되어야 하지 않을까. 그 또한 말처럼 쉽지만은 않지만 말이다.

이계삼이 권정생을 일컬어 '진리에 가장 가까운 정신'이라고 한 사실에서 알 수 있는 것처럼 권정생이야말로 가장 순수한 영혼의 소유자라고 할 수 있을 것이다. 권정생을 일컬어 '성자'라고 하는 이들도 있는 것처럼 말이다.[75] 하지만 권정생 자신의 자아 인식은 그러한 칭송과 거리가 멀다.

내가 초등학교 1학년 때 부모님과 함께 본 영화가 있다. 영화의 제목은 '내 모든 것을 다 주어도'이다. 영화의 제목처럼 자신이 가진 모든 것을 다 주어도 아쉬움을 느끼는 사람이 권정생이었음을 그의 고백에서 알 수 있다. 동화 『아낌없이 주는 나무』를 생각하면 떠오르는 사람 또한 권정생이라고 본다. 그것은 그가 '사람다운 사람으로 살기 위해 몸부림친 삶'을 살았기 때문이다.

사람다운 사람은 어떤 사람일까. 창세기 1장 26-27절에 따르면 하나님께서 자신의 형상을 따라 남자와 여자를 창조하시고 지구에 거하는 모든 짐승을 다스리도록 하셨다. 사람에게 하나님의 형상이 있다는 것은 그야말로 복음이 아닐 수 없다. 그러므로 사람에게는 '하나님의 형상이 있는 존재로서의 책임'이 있다. 하나님의 형상이 있는 존재로 산다는 것은 무엇을 의미할까. 권정생은 '사람이 사람으로서 아름다워 보일 때는 사람답게 사는 것을 깨달을 때'라고 우리에게 말해준다.[76] '사람이 사람답게 산다는 것을 깨닫는 것'은 곧 '하나님의 형상이 있는 존재'의 삶을 산다는 것을 의미한다고 본다. 이현주는 이렇게 말한다.

"그리스도 예수는 하나님과 본질이 같은 분이셨지만 굳이 하나님과 동등한 존재가 되려 하지 않으시고 오히려 당신의 것을 다 내어놓고 종의 신분을 취하셔서 우리와 똑같은 인간이 되셨습니다." 이에서 무슨 말을 더하랴? 이 한 마디로써 내가 평생토록 그를 따르고 널리 알릴 이유는 차고 넘친다.[77]

예수님은 이 땅에 오셔서 많은 이적을 보여주셨다. '오병이어'와 '죽은 나사로를 살리신 일'은 대표적인 이적이다. 무엇보다도 대표적인 이적은 '십자가에 달려 돌아가셔서 3일 만에 부활하신 사건'이다. 그렇지만 우리는 예수께서 충실한 인간의 삶 또한 사셨음을 간과하지 말아야 한다. 예수께서는 '인자가 온 것은 섬김을 받으려 함이 아니라 도리어 섬기려 하고 자기 목숨을 많은 사람의 대속물로 주려 함이니라'(마 20:28)라고 말씀하셨다. 예수님을 따르면서 사회적으로 높은 지위를 얻으려고 하는 제자들에게 '너희 중에 누구든지 으뜸이 되고자 하는 자는 너희의 종이 되어야 하리라'(마 20:27)라고 하셨다.

새삼 그동안 나 자신이 처한 여러 가지 어려움을 해결하려고 성경을 읽곤 하였음을 반성하게 된다. 그러한 성경 읽기는 사실 지속하기 어렵다. 원하는 답을 발견하지 못할 때 성경 말씀이 마음에 와닿지 않기 때문이다. 권정생의 성경 읽기에서 알 수 있듯이 성경을 읽는 목적은 예수님을 더욱더 아는 데 있어야 한다.

> 나는 예수를 믿는 사람이다. 그러나 예수를 사랑하지는 못했다. 내가 필요할 때면 불렀다가 필요 없으면 잊어버린다. 그를 믿으면 병을 고칠 수 있기 때문에, 그를 믿으면 멸망하지 않고 영생을 얻기 때문에 필요했던 것이지 사랑한 건 아니었다.[78]

그가 성경을 읽는 목적은 '자신이 처한 어려움에 대한 답을 얻기 위함'에 있지 않고 '성경을 통해 예수를 아는 것'에 있었다. 권정생은 이렇게 말하였다.

> 나는 이 3개월 동안을(떠돌이 생활을 한 기간) 일생에서 가장 보람 있었던 인생

체험으로 소중히 마음속에 남을 것으로 믿고 있다. 예수님의 40일 금식 기도만큼 나에게 산 교훈을 일깨워 준 기간이기도 했다. 들판에 앉아서 읽었던 성경은 생생하게 몸으로 체험할 수 있었다. 머리로 읽는 성경은 자칫 환상에 그치고 말지만, 실제로 체험하면서 읽으면 성경의 주인공과 대화하는 느낌이 드는 것이다. 나는 몇 번이나 죽음과의 싸움에서 눈물의 선지자 예레미야를 만났고, 아모스를, 엘리야를, 애굽에 팔려 간 요셉을, 그리고 세례 요한을, 사도 바울을 만나 볼 수 있었다. 그리고 가장 가깝게 나의 주 예수님을 사귈 수 있었던 기간이기도 했다.[79]

성경을 통해 예수를 믿고 영생을 얻는 것은 성경을 읽는 무엇보다도 중요한 이유이다. 그리고 성경을 통해 자신이 처한 문제를 해결받는 것도 성경을 읽는 이유 가운데 하나이다. 그러나 성경을 통해 예수님 자신을 더욱 알아가야 한다고 권정생은 말한다. 성경은 우리의 문제 해결을 위한 책이기에 앞서 하나님의 말씀을 듣기 위한 책이다. 성경을 읽고 우리의 문제를 해결하는 것은 부차적인 일이다.

구한말 초기 그리스도인들이 성경을 하나님의 말씀으로 확신하고 성경의 가르침에 충실함으로써 한반도의 여권(女權)문제 등 다양한 사회 문제를 개혁한 주역이 되었다는 사실[80]은 우리에게 시사해 주는 바가 적지 않다. 그들은 마치 유교 경전을 신성시 여겼던 것처럼 성경에 권위를 부여하고 성경을 모든 권위의 우선인 하나님의 말씀으로 받아들임으로써 사회 개혁의 주역이 될 수 있었다.

성경에는 온갖 신령한 이야기만 기록되어 있지 않다. 권정생이 말한 것처럼 눈물의 선지자 예레미야, 아모스, 엘리야, 애굽에 팔려 간 요셉, 그리고 세례 요한과 예수님 이야기가 기록되어 있지만, 인간 역사의 잔

인한 사건들을 비롯, 온갖 죄인들의 이야기도 기록되어 있다. 그 이유가 무엇일까. 죄악 된 세상을 하나님께서 구원하시는 이야기, 성경에 등장하는 죄인들처럼 나 또한 죄인이지만 하나님의 구원 은혜에 있음을 말하려는 것이 아닐까.

권정생의 성경관은 때로 급진적이기도 하다. 권정생은 그의 절친한 지인인 이현주 목사에게 이렇게 말하였다.

현주야! 우리 성서라는 책을 맹신하지는 말자. 아닌 것은 아니고, 부당한 것은 부당하다고 분명히 말하자꾸나. 우리는 그래서 비굴하지 말자. 하느님이란 권력 앞에 아첨하는 듯한 못난 인간이 되지 말자. 우리는 천국엔 못 가도 영혼을 죽일 수는 없다. 불의가 가득 찬 천국에 가느니 깨끗한 지옥에서 살자.[81]

권정생의 말을 문자 그대로 이해하면 자칫 그 의미를 곡해하게 된다. 이러한 권정생의 말은 '자유의 복음을 받았음에도 불구하고 계율과 형식에 묶여 복음의 자유를 누리지 못한 신앙인의 역기능적 모습'[82]을 지적한 것이다. 그의 이야기를 들어 보자.

우리 교회 장로님 두 분이 계시는데 지난해 은퇴하셔서 지금 쉬고 계시지만, 그분들의 일생은 참 어처구니가 없단다. 그들에게 걸쳐진 하나의 외나무다리가 그들의 일생을 꼼짝 못하게 구속해 버린 것이다. 그들은 앞뒤를 볼 수 없고, 옆도 위도 쳐다보지 못하고 한 가닥 위태로운 외나무다리를 줄곧 내려다보면서 살아왔다. 상상만 해 봐도 그들의 삶이 어떠했겠는가 짐작할 수 있지 않겠나. 잘못하여 헛발을 디디면 천 길 물속에 빠지기 때문에 앞뒤 옆의 이웃

에 대해선 냉정할 수밖에 없었고, 자나 깨나 숨도 제대로 쉴 수 없는 두려움 속에 떨면서 지냈다.[83]

권정생은 권력자, 혹은 강대국의 논리에 맞추어 약자를 억압하는 수단으로서의 성경해석 또한 강하게 비판하였다.

기독교 2천 년 역사 가운데서 예수님은 많이도 시달려 왔다. 한때는 십자군 군대의 앞장에 서서 전쟁과 학살에 이용당하기도 하고, 천국 가는 입장료를 어마어마하게 받아내는 그야말로 뚜쟁이 노릇도 했고, 대한민국 기독교 백 년사에서는 반공 이데올로기의 선봉장이 되어 무찌르자 오랑캐를 외쳤고, 더러는 땅 투기꾼에게, 더러는 출세주의자에게, 얼마나 이용당하며 시달려 왔던가.[84]

이를 통해 알 수 있는 것처럼 권정생이 이현주에게 '성서라는 책을 맹신하지 말자. 하느님이라는 권력 앞에 아첨하는 듯한 못난 인간이 되지 말자'라고 한 것은 복음의 자유를 누리지 못하도록 하는 계율적 성경해석을 거부할 뿐만 아니라, 권력자나 강대국의 비위를 맞추기 위한 수단으로서의 성경해석[85], 기복신앙을 합리화하는 성경해석을 거부하는 것임을 알 수 있다.

한국교회에 대한 권정생의 꾸짖음은 때로 불호령처럼 느껴진다. 그의 꾸짖음을 듣는 것이 유쾌할 수만은 없다. 그는 '그런 하나님은 계시지 않는다'라는 표현도 하는데, 이 말은 각 개인이 자신의 욕심으로 형상화한 우상으로서의 하나님이 계시지 않음을 의미한다.[86] 그러한 권정생의 말은 우상 숭배를 금지하고 하나님의 이름을 함부로 부르지 않도록 명령한 십계명의 2번째, 3번째 계명에 충실하려는 것으로 보아야 한다.

　구한말 처음 복음이 한반도에 전파되었을 때부터 한국 기독교는 철저히 성경에 기반한 신앙을 추구하였다. 한국교회가 봉건제 타파와 인권회복에 앞장섬으로써 근대화에 앞장선 이유가 거기에 있었다. 하나님의 말씀인 성경 읽기에 공공성이 내포되었던 것이다. 그로 인해 초기 그리스도인들은 개혁적 소수일 수 있었다. 그러나 1920-30년대 한국교회가 사회의 중심 세력이 됨으로써 체제를 유지하기 위한 보수화로 인해 교리적 성경 읽기[87]로 변질되었고, 한국전쟁 이후부터는 전투적인 반공 이데올로기를 옹호하기 위한 이데올로기적 해석과 개인의 복 추구를 위한 기복주의적 성경 읽기로까지 변질된 것이다.

　교리적 성경해석을 할 때 성경은 억압으로부터 자유를 주는 하나님의 말씀이 아니라 도리어 억압하는 도구가 될 여지가 충분하다.

　전투적인 반공 이데올로기적 성경해석을 할 때 성경을 근거로 자신과 다른 사상을 가진 사람들을 적으로 여기며 분노를 품게 된다. 특정한 강대국의 제국주의를 옹호하기 위해 성경을 도구로 삼기도 한다. 그렇게 되면 성경에서 말씀하는 하나님은 '강대국을 옹호하는 하나님'으로 곡해될 여지가 충분하다. 서양 선교사들을 이른바 '제국주의의 첨병'으로 보는 일부의 시각도 그러한 곡해를 말해주고 있다. 개인의 복을 추구하기 위한 성경해석을 하면 자칫 성경을 무신론적 자본주의를 옹호하는 도구로 곡해할 여지 또한 충분하다.

　성경의 목적에는 크게 두 가지가 있다고 본다. 첫째, 그리스도를 앎으로써 구원에 이르는 데 있다. 둘째, 성경을 통해 예수님을 깊이 알아가고 예수님을 닮아 가는 데 있다. 예수님을 닮아 간다는 것은 창세기 1장에 나타난 하나님의 형상을 지닌 존재로서의 삶을 누리도록 한다는 의미일 것이다.

권정생에게 성경은 무엇보다도 예수님을 깊이 알기 위한 책이었다. 예수님을 알기 위해 성경을 읽을 때, 성경은 억압으로부터 자유를 주는 하나님의 말씀으로 적용된다. 그러한 성경 읽기를 통해 먼저 하나님께서 창조하신 목적에 맞는 '사람다운 사람이 되려는 소원'을 갖게 되고 결국 '나무 십자가에 꽃을 피우는 작은 예수'[88]가 될 수 있지 않을까.

권정생의 "성서라는 책을 맹종하지 말자"라는 말은 '교리적 성경해석, 이데올로기적 성경해석, 기복주의적 성경해석을 버리고 성경을 통해 예수님을 더욱더 알아가자'라는 의미로 받아들일 수 있지 않을까. 그렇게 성경을 읽을 때 성경은 억압으로부터 자유를 주는 하나님의 말씀으로 우리에게 적용될 것이라고 본다.

권정생에게는 '예수가 따로 없다', '진리에 가장 가까운 정신', '탁월한 영성가' 등의 칭송이 따라붙는다. 심지어 '성자'로 일컬음 받기도 한다. 그러나 권정생은 언제나 '사람다운 사람이 되기 위해 몸부림쳤을 뿐'이다. 그것은 그가 성경을 통해 예수님을 만났기 때문이다. 성경을 통해 예수님을 깊이 알아갔기 때문이다. 교리적 성경해석, 이데올로기적 성경해석, 기복주의적 성경해석 등을 벗어던지기 위해 몸부림쳤기 때문이다. 다만 '우는 자와 함께 울고 웃는 자와 함께 웃는 사람'이 되려고 하였기 때문이다. 이를 통해 권정생은 '사람다운 사람', '작은 예수'가 될 수 있었던 것이다.

바보

이 단락은 오래전에 써 놓은 나의 시 한 편을 먼저 소개하며 시작하려
한다.

바보

난 바보야
노래나 부를 줄 알고
돈 버는 건 모르고

난 바보야
일기나 쓸 줄 알고
인기 있는 글 못 쓰고
하지만 바보인 게
좋은 점도 있어

똑똑한 사람들로
가득한 세상
나 같은 바보

하나쯤 있어야

삭막하지 않을 테니[89]

나의 시를 소개한 이유는 권정생이 바보 예찬을 했다고 생각하기 때문이다. '세상에 그런 모자라는 사람만 있다면 절대 무서운 전쟁 같은 것은 없을 것 아닌가'[90]라고 하면서 말이다. 아니 권정생 자신이 바보였는지도 모른다. 권정생이 말하는 모자란 사람은 대개의 경우 농촌에 사는 가난하고 순박한 사람들을 의미한다. 그의 이야기를 들어 보자.

> 그들은 비록 힘들게 남에게 기대어 살지만 죄짓지 않고 살아가고 있다. 가난한 사람들은 승용차도 없으니 공해도 안 일으키고, 물건을 별로 사지 않아 쓰레기도 안 만든다. 똑똑하지 못해서 비리를 저지르지 않고, 전쟁을 위해 대포나 미사일, 핵무기도 못 만든다. 세상에 그런 모자란 사람들만 산다면 절대 무서운 전쟁 같은 건 없을 것 아닌가.[91]

그들은 추운 겨울 면사무소 앞마당에서 한 달에 한 번씩 생활보호 대상자에게 주는 쌀 8kg과 보리쌀 2kg을 받아 나오면서 마치 금메달을 받은 선수처럼 기뻐하는 사람들이다. 권정생도 1970년대에 이러한 생활을 하였다. 그때의 경험을 통해 가난한 사람들이 남들에게 기대어 사는 삶을 살지만, 죄짓는 삶을 살지는 않는 사람들임을 절감할 수 있었다.[92]
권정생이 생각하는 모자란 사람들은 도시의 문명 혜택과는 거리가 있는 1970년대 농촌 사람들이다.[93] 아침 일찍 일어나 땅을 일구는 사람들, 혹 읍내에 김세레나 같은 인기 가수의 공연이 있으면 '새마을 농민복을 쫙쫙 다림질해서 입고 머리에 포마드 기름 바르고 먼 길을 마다하지 않

고 걸어가는 사람들'이다.[94]

권정생 자신도 이에 속한다. 그는 건강으로 인해 활동적인 일을 하지 못하고 거의 집에서 사색하며 글을 쓰는 자신을 일컬어 가장 꼴찌로 처진 삶이라고 보았다.[95] 그러나 권정생이 거동조차 어려운 상황에서 글을 씀으로써 누구보다도 창조적인 삶을 산 것처럼 매일 아침 새로울 것 없는 땅을 일구는 사람들이야말로 누구보다도 창조적인 삶을 사는 사람들이다.

이들은 풍요롭지 않지만 아주 당당한 삶을 산다. 특히 아주머니들이 그렇다. 머리 모양은 하나같이 바가지 파마머리이고 몸뻬를 입은 옷차림도 비슷하다. 화장을 하지 않고 알맞게 그을린 얼굴은 오히려 아름답다. 바쁘게 일하다 보니 뚱뚱해질 걱정이 없고, 쉴 때면 마음껏 수다를 떠는 모습에서 사르트르(Jean-Paul Sartre 1905-1980)[96]보다 더욱 자유로운 삶을 사는 사람들이다.[97] 그러나 현대 문명은 이들의 자유를 속박한다. 우체국과 같은 관공서는 물론 시골 버스에조차 장착된 감시 카메라로 인해 일거수일투족을 감시받기 때문이다.[98] 그렇지만 들에서 일하면서 자유롭게 노래 부르고 이야기를 나누는 자유로운 삶은 현대 문명에도 속박받지 않는다.

지혜의 왕 솔로몬은 '헛되고 헛되며 헛되고 헛되니 모든 것이 헛되도다. 해 아래에서 수고하는 모든 수고가 사람에게 무엇이 유익한가. 한 세대는 가고 한 세대는 오되 땅은 영원히 있도다'(전 1:2-4)[99]라며 삶의 허무를 말하였다. 그러나 매일 아침 일어나 어제와 다를 것 없고 내일의 변화도 기대할 것 없이 땅을 일구는 사람들이야말로 미래를 창조하는 사람들이다. 땅을 일굼으로써 다음 세대인 곡식의 열매를 맺도록 하고 자손(손주)을 맞이한 후 때가 되면 자신의 생애를 마무리한다. 자신이 '대단한 목숨이거나 고귀한 인간이라는 인식'을 지닌 것은 아니지만[100] 그들의 삶이야말로 누구보다 창조적인 삶일 수밖에 없다. 물론 이와 같은 권정생의 말을 낭만적으로만 받아들일 필요는 없다. 권정생도 농촌의 가난에 의한 아픔을 누구보다도 절감하였다. 그러나 권정생의 이 말은 하루하루를 살아가며 무의함을 느끼는 현대인들에게 시사해 주는 바가 많다. 전도자의 말처럼 여호와를 경외하는 삶이라면 말이다.

이 글 서두에 나의 시 한 편을 소개하였다. 그것은 내가 서울 모 대학교에서 박사과정을 공부할 때 박사과정 학생들의 연구실에서 연구에 몰두하던 중, 나 자신을 보면서 갑자기 나오려는 웃음을 참으며 쓴 시이다. 박사과정 연구실의 특성상 많은 학생이 영어, 독일어, 중국어, 일본어, 한자 등을 해석하면서 연구물과 씨름하고 있었다. 당시 나는 국어국문학과의 '현대소설 연구'를 수강하고 있었다. 일제 강점기의 소설 분석을 하기 위해 소설가 심훈의 『상록수』를 읽고 있었는데, 책 표지에는 '청소년 권장소설'이라는 문구가 쓰여 있었다. 순간 각종 외국어 문헌을 읽고 있는, 삭막하기까지 할 만큼 무거운 분위기의 박사과정 연구자들 사이에서 '청소년 권장소설'을 읽고 있는 나 자신을 보며 웃음이 터져 나오려는 것을 참아야 했다. 불현듯 똑똑한 사람들 사이에 바보(?) 한 사람이 섞여 있다는 생각과 함께 이런 생각이 들었다.

그래! 똑똑한 사람으로 가득한 세상에 나 같은 바보 하나쯤 있어야 세상이 덜 삭막하겠지.

사실 그렇다. 세상에는 똑똑한 사람들이 참 많다. 그런데 세상을 삭막하게 하고 어렵게 만드는 사람들은 모두 똑똑한 사람들이 아닐까. 예수께서 이 땅에 오셨을 때 지식과 권력을 겸비한 사람들 가운데 상당수는 예수님을 알아보지 못했다. 심지어 예수님께서 시각장애인 바디메오의 눈을 뜨게 하신 기적[101]과 죽은 나사로를 살리시는 기적을 목격했음에도 불구하고 그가 누구인지 알아보기는커녕 오히려 죽이려고 하였다.[102] 그들은 모세오경과 율법에 대한 해박한 지식을 가진 최고 지식인들이었다. 그러나 그들의 지식은 예수님을 알아보는 데 도움이 되지 않았다. 오히려 '천국 문을 닫은 채 자신도 들어가지 않고 다른 사람도 들어가지 못하도록'[103] 하였다. 결국 예수께서 부활하셨을 때도 그것을 부인하기까지 하였다.[104] 그들은 자신들의 지식을 사람을 세우고 살리는 데 사용하지 않았다.

예수님을 알아본 사람들은 대부분 평범한 사람, 혹은 가난한 사람들이었다. 그들은 예수님이 하나님이 보내신 선지자임을 믿었기 때문에 그를 만나려고 하였다. 그들이 예수님을 만나고 싶어 한 이유는 다양했다. 질병을 치료받고 싶은 소원, 기타 자신의 실존적인 문제를 해결받고 싶은 소원 등 참으로 다양했다. 그런데 여기서 중요한 것은 예수님을 통해 기적을 체험한 자들은 그를 메시아로 인정하기도 하였고, 적어도 그가 하나님이 보내신 특별한 분이라는 것을 인정하였다는 사실이다. 요한복음 9장에 나오는 시각장애인이었다가 예수님께서 치유하심으로 눈을 뜬 사람이 대표적인 경우이다.

그뿐만 아니라 예수님의 제자들 또한 권력층과는 거리가 먼 이들이었다. 그들은 예수께서 자신을 선택하셨을 때 모든 것을 버려두고 예수님을 따랐다. 물론 예수님을 따르는 과정에서 세속적인 욕심을 표현하는 등 미숙한 모습을 보이기도 하였지만, 그들에게는 메시아를 알아보는 눈이 있었다. 물론 그들의 믿음이 온전해진 것은 예수께서 십자가에 못 박혀 죽으셨다가 사흘 만에 다시 살아나신 부활을 목격한 후였다. 한마디로 예수님을 알아본 사람들은 지식인 계층, 권력자 계층이 아닌 그 땅의 아웃사이더들이었다는 것이다. 물론 지식인 권력자 계층 가운데 니고데모 같은 예외적인 인물도 있었지만 말이다.

예수께서는 "하나님께서 지혜 있는 자들에게 자기 뜻을 가리시고 어린아이 같은 자들에게 드러내셨다"고 하셨다. 하나님은 이사야 선지자를 부르신 후 이렇게 말씀하셨다.

가서 이 백성에게 이르기를 너희가 듣기는 들어도 깨닫지 못할 것이요 보기는 보아도 알지 못하리라 하여 이 백성의 마음을 둔하게 하며 그들의 귀가 막히고 그들의 눈이 감기게 하라. 염려하건대 그들이 눈으로 보고 귀로 듣고 마음으로 깨닫고 다시 돌아와 고침을 받을까 하노라(사 6:9-10).

이는 하나님의 말씀을 들어도 깨닫지 못하는 완고한 마음을 의미할 터이다. 예수께서도 사람들에게 '씨 뿌리는 자의 비유'를 말씀하신 후 이렇게 말씀하셨다.

천국의 비밀을 아는 것이 너희에게는 허락되었으나 그들에게는 아니되었나니 무릇 있는 자는 받아 넉넉하게 되되 없는 자는 그 있는 것도 빼앗기리라. 그러므로 내가 그들에게 비유로 말하는 것은 그들이 보아도 보지 못하며 들어도 듣지 못하며 깨닫지 못함이니라. 이사야의 예언이 그들에게 이루어졌으니 일렀으되 너희가 듣기는 들어도 깨닫지 못할 것이요 보기는 보아도 알지 못하리라. 이 백성들의 마음이 완악하여져서 그 귀는 듣기에 둔하고 눈은 감았으니 이는 눈으로 보고 귀로 듣고 마음으로 깨달아 돌이켜 내게 고침을 받을까 두려워함이라(마 13:11–15).

예수님을 보았을 때 권력자들이 그가 누구신지 알아보지 못하였을 뿐만 아니라 그가 하나님께서 보내신 선지자, 하나님의 아들임을 증명하는 여러 가지 기적을 목격하였음에도 예수께서 누구신지 인정하기 싫어한 이유가 여기에 있다. 천국의 비밀을 알지 못하는 이유는 예수께서 그들이 알게 됨을 허락하지 않으셨기 때문이 아니라, 들음으로써 그들의 행위가 드러나고 그들이 악한 길에서 떠나게 되는 것을 두려워하였기 때문이다.

권정생은 가장 순수한 사람들과 이웃으로 살았다. 그렇기 때문에 그들의 고생하는 모습을 보며 슬퍼하고 때로는 분노하였다. 권정생의 이야기를 들어 보자.

예수는 종의 몸으로 이 땅에 오셨다. 거지와 친구가 되자면 거지가 되어야 하고, 과부 사정은 동무 과부가 가장 잘 안다. 훌륭한 사람이란 바로 상대와 제일 가깝게 사귈 수 있는 사람이어야 한다. 그 상대는 바로 억울하게 고통당하고 있는 나의 이웃들이다. 나만을 위한 기도는 곧 나만을 위한 삶이 있을 뿐이다. 주기도문은 앉아서 입으로 외는 기도가 아니다. 행동하는 기도, 살아있는 기도다.[105]

생각해 보면 권정생만큼 바보스러운 삶을 산 사람도 없다. 권정생을 일컬어 '개 눈에는 똥만 보인다더니, 그의 눈에는 온갖 불쌍하고 못한 인간들뿐이다'라고 하였을 뿐만 아니라 "형은 자기가 젤 불쌍하면서 남들 불쌍하다는 말한 해!"[106]라고 한 이현주의 말은 그런 사실을 방증한다.

욕망의 체계인 자본주의 한가운데에서 무욕과 절제, 그리고 가난을 무기 삼아 정면 대결했다[107]는 사실에서 권정생이 바보였음을 알 수 있다. 인기 아동문학가로서 적지 않은 인세를 벌었지만 초라한 집에서 가난한 삶을 살고 다른 사람들을 위해 자신의 소유를 마음껏 사용했다는 사실에서 그가 참으로 바보였음을 인정하지 않을 수 없다. 움켜쥐고 움켜쥐도 살기 쉽지 않은 자본주의 세상에서 말이다.

권정생의 글을 읽으면서 어쩌면 우리도 권정생처럼 바보 예찬을 하고 싶어질지도 모른다. 마음 한편에 권정생처럼 바보가 되고픈 소망이 생길지도 모른다. 세상을 아름답게 수놓는 아름다운 바보를 꿈꾸며 말이다. 우리는 왜 아름다운 바보가 되고 싶은 걸까. 권정생처럼 아름다운 바보가 될 때 예수님을 더 많이 알 수 있기 때문일 것이다. 지나치게 똑똑한 사람이 될 때 예수님에 관하여는 많이 알지만 정작 예수님은 모를 수도 있기 때문이다. 성경은 지혜를 강조한다. 바보 같은 삶을 산 권정생이야말로 오히려 지혜로운 삶을 살았음을 인정하지 않을 수 없다.

권정생의 기도는 언제나 긴 시간이 소요되었다. 주위의 가난한 이웃을 위한 기도, 북한의 굶주린 어린이들을 위한 기도, 전 세계의 고난 겪는 이들을 위한 기도, 우리나라의 통일을 위한 기도를 긴 시간 동안 했다. 그리고 자신을 위한 기도는 언제나 마지막에 했다. 이 또한 바보스러운 기도이다. 자신을 위한 기도 제목만 해도 얼마나 많은가. 건강을 위한 기도, 작품을 잘 쓰게 해 달라는 기도, 이번 작품이 유명해져서 주님께 영광을 돌리게 해 달라는 기도, 그다음 절친한 벗들을 위한 기도 등 말이다. 권정생의 기도는 이렇지 않았을까.

저의 필요를 아시는 주님! 주님께서 필요한 만큼 채워 주실 줄 믿습니다. 다

만 저에게 글을 쓸 수 있는 건강을 허락해 주시기를 기도합니다. 제가 건강하
지 않지만, 글을 쓸 수 있음을 감사합니다.

　그의 기도를 생각해 보면 내가 하나님 앞에 드리는 기도가 참으로 부
끄러움을 느낀다. 오늘부터 권정생처럼 바보스러운 기도를 하겠다고 작
은 결심을 해 본다.

　성경을 읽어 보면 참으로 많은 슬픈 일이 있었음을 발견한다. 수없는
전쟁이 있었고 인권이 억압되는 일이 있었고 그 외에도 인간사 슬프고
원통한 일들이 참 많았다. 예수께서 오셔서 인간이 겪는 모든 슬픈 일을
겪으시고 마침내 십자가에 못 박혀 돌아가셨다. 그리고 사흘 만에 부활
하셨다. 물론 사흘 만에 부활하셨지만, 전지전능하신 하나님의 아들이
흉악범이 받는 십자가형을 마다하지 않으셨음은 참으로 바보 같은 일이
었다. 하나님의 아들도 기꺼이 바보가 되어 주신 것이다.

　슬픈 일로 가득했던 인간의 역사 속에서 간혹 바보 같은 사람들이 있
었기 때문에 살만한 세상이 되어 온 것은 아닐까. 일제 강점, 한국전쟁,
민주주의 억압 등 고난의 나날이 끊이지 않았던 우리 현대사에 권정생처
럼 바보스러운 사람들이 있었기에 우리가 작은 위로를 받으며 살아올 수
있었던 것은 아닐까. 똑똑한 사람으로 가득한 세상에 권정생처럼 바보스
러운 길을 선택하는 사람들이 있어야 살만하지 않을까. 권정생만큼은 아
니더라도 우리 또한 작은 바보가 될 때 세상을 더욱 아름답게 가꿀 수 있
지 않을까.

가장 복된 은혜를 받은 사람

권정생은 어느 날 자신이 만난 '가장 복된 은혜'를 받은 사람에 대하여 이렇게 말하였다.

아주머니의 말에 따르면 (자신은) 의성지방 시골교회 집사님인데 한 십 년 전에 이상한 체험을 했다는 것이다. 들어 보니 꼭 옛날이야기만 같은 내용이었다. 어느 날 아주머니는 몹시 바쁘게 집안일을 하고 있는데, 어떤 거지가 구걸을 하러 왔다. 정신없이 일에 몰두하고 있던 아주머니는 자기도 모르게 귀찮아서 퉁명스럽게 지금은 바쁘니 다른 데나 가 보라고 거지에게 박대를 하며 내쫓은 것이다. 그런데 그 거지가 돌아서 나가는 모습을 힐끗 보니 놀랍게도 틀림없는 예수님이었다. 깜짝 놀란 아주머니는 하던 일을 그만두고 허겁지겁 쌀 한 대접 떠서 달려 나가 보니 거지는 그새 어리론가 사라지고 보이지 않았다. 혹시나 해서 옆집으로 또 옆집으로 샅샅이 살펴보았지만 역시 허사였다. 집으로 돌아온 아주머니는 주저앉아 통곡을 했다. 그때부터 아주머니의 눈에는 어떤 낯선 사람도 예수님으로 보이게 된 것이다. 그렇게 아주머니는 십 년을 하루같이 만나는 사람을 모두 예수님으로 알고 대접을 했다. 이야기를 다 하고 나서 아주머니는, "세상 사람이 다 예수님으로 보이니까 참 좋아요. 내가 할 수 있는 건 다 해드리고 싶어예"(라고 하였다). 그날 나는 살아있는 동화의 주인공 같은 아주머니를 한없이 쳐다보며 부러워했다. 여태껏 들어온 설교 중에도 진짜 설교를 들은 것이다. 버스비가 모자라 기차를 타게 되었고 뜻밖에 예수님 대접도 받고 아름다운 이야기도 들었으니 그날은 꼭 천국에 사는 기분이었다. 그 시골교회 아주머니는 가장 복된 은혜를 받고 살아가는 분인 것이다.[108]

은혜는 하나님께서 그리스도인과 비그리스도인을 막론하고 값없이 주시는 선물이다. 은혜라고 하면 우리는 가시적인 복을 의미하는 경우가 많다. 하지만 가장 복된 은혜는 '모든 사람을 예수님 보듯 하는' 사랑의 마음을 갖는 것이 아닐까. 의성지방 시골교회 여집사님이 예수님의 뒷모습을 본 것은 참으로 놀라운 은혜이다. 더욱 놀라운 은혜는 그러한 체험을 통해 그녀의 삶에 변화가 있었다는 사실이다. 은혜가 하나님께서 그리스도인과 비그리스도인을 불문하고 주시는 선물이라면, 그러한 은혜는 일찍이 권정생이 체험한 은혜이기도 하다.

1965년, 그의 나이 28세 때 약 3개월 동안 떠돌며 얻어먹는 생활을 하면서 열흘 동안 아침마다 밥을 얻어먹으러 찾아갔지만 얼굴 한 번 찡그리지 않고 깡통에 밥을 꾹꾹 눌러 담아 준 점촌 조그만 식당 아주머니, 그가 가로수 밑에 쓰러져 있을 때 두레박에 물을 길어 헐레벌떡 달려와서 먹여 주는 이름 모를 할머니, 강을 건너야 하지만 뱃삯이 없을 때 돈을 받지 않고 강을 건너 준 뱃사공 할아버지,[109] 이들은 모두 권정생에게 은혜를 베풀어준 사람들이다. 하나님으로부터 받은 '사랑의 은혜'가 권정생에게 베풀어진 것이다.

권정생이 작가로서 명성을 얻고 수입이 풍족해진 후에도 자신은 최소한으로 재정을 사용하고 다른 사람들을 위해 대부분의 수입을 사용한 것은 그가 수많은 사람들에게 받은 은혜를 다른 사람에게 흘러가도록 한 것이 아닐까. 이런 측면에서 볼 때 권정생이야말로 '가장 복된 은혜'를 받은 사람이라고 본다. 비록 평생 질고에서 벗어나지 못하는 고통스러운 삶을 살았지만, 그에게 주신 하나님의 은혜가 그로 하여금 살아갈 힘을 공급해 준 것이 아닐까 생각한다.

'다른 사람을 사랑할 수 있는 은혜', 혹은 '다른 사람을 예수님 대하는 듯 대할 수 있는 은혜'가 진정 가장 큰 은혜라고 생각하지 않을 수 없다. 그런 은혜는 우리가 이 세상을 살아갈 힘을 공급해 준다. 다른 사람에게 베풀기보다는, 다른 사람의 것을 취해서라도 자신의 것을 넉넉히 하려는 것이 자본주의 사회에 나타나는 폐해이다. 자신의 것을 넉넉히 하기 위해 무한 경쟁이 일어나기 때문이다. 권정생은 이렇게 말한다.

내가 금메달을 따면, 못 따는 사람이 있고, 내가 수석을 하면 꼴찌를 한 사람이 있고, 내가 당첨되면 떨어진 사람이 있고, 내가 잘되기 위해서는 누군가가 못 되는 것을 생각하면 어찌 기뻐할 수 있겠는가. 그런 감사를 하느님은 절대 기뻐하지도, 바라지도 않으신다. 왜 나만이 앞서야 되는지 좀 생각해 보기 바란다.[110]

권정생은 이렇게도 말한다.

나 혼자 기쁘다고 생각했을 때, 문득 내 친구들, 내 이웃들은 슬퍼하고 괴로워하고 있다는 것을 알게 됩니다. 나 혼자 기뻐했던 것이 오히려 미안할 때가 있답니다. 그러니까 나 혼자 기쁘고, 나 혼자 즐겁고, 나 혼자 행복한 것은 좋은 것이 못 되지요. 다 함께, 모두 같이 기쁘고 즐겁다면 가장 행복한 것이지요…. 우리는 부자 되는 것보다, 축구를 일등 하는 것보다, 사람들이 모두 사

이좋게 사는 것이 가장 소중하답니다.[111]

권정생은 우리에게 하나님께서 주신 복에 대한 새로운 시각을 열어 주고 있다. 그리스도인에게 복이란 경쟁에서 승리하는 것일 수 없다. 그리스도인에게 하나님께서 주신 복은 자신뿐만 아니라 다른 사람에게도 유익이 되는 공익성을 내포한 것이다. 권정생이 볼 때 하나님께서 주신 복은 섬기는 복이다. 예수님을 닮는 것이다. 예수님을 닮는 것은 아픔 겪는 사람의 이웃이 되는 것이다.

예수는 종의 몸으로 이 세상에 오셨다. 거지와 친구가 되자면 거지가 되어야 하고, 과부 사정은 동무 과부가 가장 잘 안다. 그 상대는 바로 억울하게 고통 당하고 있는 나의 이웃들이다.[112]

이런 측면에서 볼 때 권정생의 유년 동화 『하느님의 눈물』에 등장하는 '돌이 토끼'는 놀라운 복을 받은 인물을 형상화한 것으로 보기에 충분하다. 자신의 생존을 위해 다른 존재를 희생시키지 않아도 되는 세상을 간절히 바라는 돌이 토끼에게 하나님은 이렇게 말씀하셨다.

그래, 그렇게 해주지. 하지만, 아직은 안 된단다. 이 세상 모든 사람들이 너처럼 남의 목숨을 소중히 여기는 세상이 오면, 금방 그렇게 될 수 있단다.[113]

결국 돌이 토끼는 하나님의 가장 내밀한 속성을 경험한다. 하나님의 눈물을 목도한 것이다. 하나님은 "하지만, 내가 이렇게 애타게 기다리는데도 사람들은 기를 써 가면서 남을 해치고 있구나"라고 탄식하셨다. 그

러고는 돌이 토끼 얼굴에 물 한 방울이 떨어졌다. 그것은 하나님의 눈물이었다.[114]

이를 통해 알 수 있듯이 권정생이 볼 때 놀라운 복을 받은 사람은 다른 사람의 아픔에 깊이 공감하며 결코 누구의 희생도 없이 모두가 행복한 세상을 간절히 바라는 사람이다. 그런 사람은 하나님의 가장 내밀한 속성을 경험할 수 있다. 그것은 사랑이다(요일 4:8). 권정생은 그의 작품 『하느님이 우리 옆집에 살고 있네요』에서 하나님과 예수님의 대화를 통해 이렇게 말한다.

> "사람들은 아직도 이웃사랑보다 기적만 바라고 기도하고 있어요. 제가 옛날에 기적을 보여준 것이 잘못이었어요."
> "하지만 넌 내 아들이라는 걸 증명하기 위해 그리했잖니."
> "그걸 잘못 알고 있는 거예요. 그래서 저의 십자가 고통보다 사람들은 자기의 행복만을 위해 십자가를 이용하고 있어요."
> "나는 분명히 자비를 원했지 제사를 받으려고 하지 않았는데, 불쌍한 아이들이 마음 놓고 살아갈 집도 없으니…."[115]

이 단락에서 권정생은 예수님의 입을 통해 '진정한 복은 자신이 복 받는 기적이 아닌 이웃을 사랑하는 것'임을 가르쳐 준다. 이기적인 복을 추구할 때 결국 예수님의 십자가 고통까지 이용하게 된다. 여기서 생각해야 하는 것은 복의 공익성이다. 자신에게 주어진 복이 다른 사람에게도 복이 되는가 하는 것이다. 자신에게는 유익하지만 다른 사람에게는 손해를 끼친다면 결코 복이 될 수 없다. 이런 측면에서 권정생은 올림픽에서 메달을 따는 것, 학업이라는 경쟁에서 승리하여 명문대학교에 입학하는 것 등이 복이 될 수 없다고 말한다. 나 자신이 1등을 차지하면 나와 같은 노력, 혹은 더 큰 노력을 기울였을 누군가가 그 자리를 차지할 수 없기 때문이다. 경쟁을 통한 1등 획득은 결코 진정한 복이 될 수 없다.

진정한 복을 받은 사람은 기쁜 마음으로 희생할 수 있는 사람이다. 권정생은 그의 유년 동화『하느님의 눈물』에서 그러한 사실을 말한다. 돌이 토끼가 하나님의 내밀한 속성을 알 수 있었던 것처럼 그런 사람은 하나님을 더욱 깊이 알 수 있기 때문이다. 권정생이 우리에게 가르쳐 주는 복은 희생의 복, 비움의 복이다. 희생함으로써 기뻐할 수 있다면, 비움으로써 행복한 사람이라면 그야말로 '가장 큰 은혜를 받은 사람'이다. 이러한 사람은 정결한 마음을 덧입은 사람이라고 볼 수 있는데, 예수께서는 '마음이 청결한 자는 복이 있나니 저희가 하나님을 볼 것'이라고 말씀하셨다(마 5:8).『하느님의 눈물』에 등장하는 돌이 토끼는 이처럼 정결한 마음을 가진 사람을 의미한다고 볼 수 있다.

하나님께서는 돌이 토끼에게 "세상 모든 사람들이 너처럼 남의 목숨을 소중히 여기는 세상이 오면 살기 위해 다른 생명을 희생시키지 않아도 되는 세상이 온다"라고 말씀하셨다. 그런 세상이 오기를 하나님께서 애타게 기다리고 계심에도 불구하고 사람들은 '기를 써 가면서 남을 해치며' 산다.[116] 다른 사람을 희생시킴으로써 경쟁에서 살아남아 얻는 대가는 결코 하나님께서 주신 복이 될 수 없다. 다른 사람을 희생시킴으로써 자신의 유익을 얻는 것은 더욱 하나님께서 주신 복과 무관하다. 그런데도 우리는 그와 같은 복을 얻음으로써 하나님께 영광을 돌리는 경우가 얼마나 많은가.

권정생은 우리에게 성경이 말씀하는 복이 무엇인가 생각하도록 해준다. 희생함으로써 행복한 사람이라면, 섬김으로써 행복한 사람이라면 그야말로 가장 큰 복을 받은 사람이다. 권정생이 경험한 버스에서 시골 교회 여집사님과의 만남은 그에게 하나님께서 주신 복에 대한 새로운 눈을 열어 주었다. 그가 만난 사람은 '이 땅에서도 천국의 삶을 사는 가장 큰 은혜를 받은 사람'이기 때문이다. 모든 사람을 주 예수님 대하듯 대하며 섬길 수 있다면, 희생할 수 있다면 그런 사람이야말로 가장 큰 은혜를 입은 사람이다. 우리는 이와 같은 은혜를 입기를 원하며 기도해야 하지 않을까. 이 땅에서 천국을 경험하며 살기 원한다면 말이다. 하나님의 마음을 느끼는 놀라운 은혜를 경험하며 살기 원한다면 말이다.

미주

1 조현, 『울림: 한국의 기독교 영성가들』(서울: 한겨레출판사, 2016), 19. 이 책에는 의료인 장기려, 오산학교를 설립한 교육자이자 독립운동가 이승훈, 영국인 성공회 신부 대천덕, 걸인과 고아를 섬긴 이현필, 그리고 그 외 20인이 소개되어 있다.

2 권정생, 〈오물덩이처럼 딩굴면서〉, 이철지 엮, 『권정생의 글 모음: 오물덩이처럼 딩굴면서』(서울: 종로서적, 1986), 214.

3 이충렬, 『아름다운 사람 권정생』, 41–42.

4 권정생, 〈우리들의 하느님〉, 『권정생 산문집: 우리들의 하느님』(서울: 녹색평론사, 2008), 24–25.

5 권정생, 〈십자가 대신 똥짐을〉, 『권정생 산문집: 우리들의 하느님』, 34.

6 권정생, 〈김목사님께〉 (1986), 『권정생 산문집: 빌뱅이 언덕』(서울: 창비, 2012), 285.

7 권정생, 〈김목사님께〉 (1986), 285–286.

8 이 단락은 2019년 9월 23일 「뉴스앤조이」에 〈일생토록 아팠던 권정생의 기도: 더 풍성하게 응답하신 하나님과 진실한 신자의 삶〉이라는 제목으로 수록된 글임을 밝혀 둔다.

9 이계삼, 〈권정생의 문학세계: 진리에 가장 가까운 정신〉, 원종찬 엮, 『권정생의 삶과 문학』(서울: 창비, 2013), 128.

10 권정생의 초기 삶은 〈권정생 연보〉, 『권정생의 삶과 문학』, 374–382를 참조하였다.

11 가족들 가운데 조총련과 관련이 있던 권정생의 첫째, 셋째 형은 일본에서 귀국하지 못했고 그로 인해 평생 이산가족처럼 살아야 했다.

12 권정생, 『강아지 똥』(서울: 세종문화사, 1974) 원종찬, 〈속죄양 권정생: 강아지 똥과 몽실언니〉 원종찬 엮 『권정생의 삶과 문학』(서울: 창비, 2013), 97에서 재인용.

13 감리교회 목회자인 이현주는 당시 저명한 아동문학가이기도 하였다.

14 이현주, 〈동화작가 권정생과 강아지 똥〉, 원종찬 엮 『권정생의 삶과 문학』(서울: 창비, 2013), 76.

15 이현주, 〈동화작가 권정생과 강아지 똥〉, 73.

16 〈권정생 연보〉, 380.

17 권정생, 〈오물덩이처럼 딩굴면서〉, 이철지 엮, 『권정생의 글 모음: 오물덩이처럼 딩굴면서』(서울: 종로서적, 1986), 212–213.

18 이 글은 2019년 12월 10일 「뉴스앤조이」에 〈일상 속 평범한 손길 통해 주님의 성찬 경험하다. 배고팠던 권정생이 공급받은 성찬의 기쁨〉이라는 제목으로 수록되었음을 밝혀 둔다.

19 김명수, 『안병무의 신학사상』(서울: 한울 아카데미, 2011), 42–43.

20 김명수, 『안병무의 신학사상』, 43.

21 권정생, 〈오물덩이처럼 딩굴면서〉, 이철지 엮, 『권정생의 글 모음: 오물덩이처럼 딩굴면서』(서울: 종로서적, 1986), 220.

22 권정생, 〈오물덩이처럼 딩굴면서〉, 219–220.

23 권정생, 〈오물덩이처럼 딩굴면서〉, 212

24 권정생, 〈오물덩이처럼 딩굴면서〉, 213.

25 권정생, 〈오물덩이처럼 딩굴면서〉, 212.

26 권정생, 〈오물덩이처럼 딩굴면서〉, 216.

27 권정생, 〈오물덩이처럼 딩굴면서〉, 218.

28 이현주, 〈동화작가 권정생과 강아지 똥〉, 원종찬 엮, 『권정생의 삶과 문학』, 75.

29 이현주, 〈동화작가 권정생과 강아지 똥〉, 76.

30 미국의 교육학자이자 교수, 저술가이다. 사랑의 가치를 강조한 강연으로 미국 전역에서 '닥터 러브'
    라는 애칭으로 불리기도 한 그는 1924년 로스앤젤레스의 이탈리아 이민가정에서 태어났다. 서던
    캘리포니아대학교에서 교육학을 전공한 후 초등학교 특수교사로 일하며 학습장애를 가진 아이들
    을 지도하다가 모교인 서던 캘리포니아대학교의 교수로 일했다. 18년 동안 교단에 섰던 그는 아끼
    는 제자가 자살을 한 사건을 계기로 '러브 클래스'라는 사회교육 세미나를 열기 시작했다. 세미나는
    젊은이들에게 삶의 지혜와 용기를 심어주며 대성공을 거두었다. Leo Buscaglia, 『살며 사랑하며 배
    우며』, 이은선 역 (서울: 홍익출판사, 2018).

31 Leo Buscaglia, 『살며 사랑하며 배우며』, 131.

32 권정생, 〈책 머리에〉, 『또야 너구리가 기운 바지를 입었어요』 (서울: 우리교육, 2005), 2-3.

33 이충렬, 『아름다운 사람 권정생』 (서울: 산처럼, 2018), 33-34.

34 이충렬, 〈권정생 연보〉, 『아름다운 사람 권정생』, 329-330.

35 권정생, 〈오물덩이처럼 딩굴면서〉, 이철지 엮, 『권정생의 글 모음: 오물덩이처럼 딩굴면서』 (서울:
    종로서적, 1986), 210-213. 1964년 어머니가 소천한 후 권정생은 급격히 건강이 나빠지기 시작했
    고 그의 나이 29세이던 1966년 6월에는 신장 하나를 떼어 내는 수술을 하였고, 그해 12월에는 방광
    을 들어내고 소변 주머니를 다는 수술을 받았다. 이충렬, 〈권정생 연보〉, 『아름다운 사람 권정생』,
    330.

36 권정생, 〈오물덩이처럼 딩굴면서〉, 214.

37 이충렬, 『아름다운 사람 권정생』, 41-42.

38 원종찬, 〈권정생 인터뷰: 저것도 거름이 돼 가지고 꽃을 피우는데〉, 원종찬 엮, 『권정생의 삶과 문
    학』 (서울: 창비, 2013), 61.

39 이충렬, 『아름다운 사람 권정생』, 68.

40 이현주, 〈동화작가 권정생과 강아지 똥〉, 이철지 엮, 『권정생의 글 모음: 오물덩이처럼 딩굴면서』,
    304.

41 권정생, 〈처음으로 하느님께〉, 이철지 엮, 『권정생의 글 모음: 오물덩이처럼 딩굴면서』, 173.

42 이현주, 〈동화작가 권정생과 강아지 똥〉, 302.

43 이에 대하여 장동민은 "오늘날 우리 조국(한국) 신학의 가장 큰 과제는 자본주의의 정신에 의해
    잘못 해석된 성경을 바로잡는 일"이라고 말한다. 장동민, 『우리 시대를 위한 십계명』 (서울: 대서,
    2017), 301.

44 권정생, 〈김목사님께〉, 이철지 엮, 『권정생의 글 모음: 오물덩이처럼 딩굴면서』, 164.

45 권정생, 〈다시 김목사님께〉, 이철지 엮, 『권정생의 글 모음: 오물덩이처럼 딩굴면서』, 168.

46 권정생, 〈다시 김목사님께〉, 168-169.

47 권정생, 〈다시 김목사님께〉, 169.

48 권정생, 〈가난이라는 것〉, 이철지 엮, 『권정생의 글 모음: 오물덩이처럼 딩굴면서』, 181.

49 이충렬, 〈권정생 연보〉, 330.

50 권정생, 〈오물덩이처럼 딩굴면서〉, 222.

51 이충렬, 『아름다운 사람 권정생』, 298.

52 권정생, 〈오물덩이처럼 딩굴면서〉, 224-225.

53 권정생, 〈우리들의 하느님〉, 『권정생 산문집: 우리들의 하느님』 (서울: 녹색평론사, 2008), 24.

54 권정생, 〈우리들의 하느님〉, 23-24.

55 권정생, 〈우리들의 하느님〉, 24.

56 권정생, 〈우리들의 하느님〉, 24-25.

57 권정생, 〈우리들의 하느님〉, 25.

58 권정생, 〈김목사님께〉, 이철지 엮, 『권정생 산문집: 오물덩이처럼 딩굴면서』 (서울: 종로서적, 1986), 162.

59 권정생, 〈십자가 대신 똥짐을〉, 『권정생 산문집: 우리들의 하느님』, 34.

60 〈오물덩이처럼 딩굴면서〉, 이철지 엮, 『권정생 글 모음: 오물덩이처럼 딩굴면서』, (서울: 종로서적), 221.

61 이형원, 『구약성서 해석의 원리와 실제: 사회-문화적 연구를 중심으로』 (서울: 대한기독교서회, 1998), 262-263.

62 이형원, 『구약성서 해석의 원리와 실제: 사회-문화적 연구를 중심으로』, 263.

63 류호준, 〈사순절 묵상〉, https://www.facebook.com/dhryou/posts/3001042676584344, 2020년 4월 4일 오전 0시 23분 접속.

64 장동민, 『우리 시대를 위한 십계명』 (서울: 도서출판 대서, 2017), 220.

65 조현, 〈동화를 남기고 간 가난한 종지기〉, 19-34.

66 권정생, 〈유기농 실천회에 다녀와서〉, 『우리들의 하느님』 (서울: 녹색평론사, 2008), 105-106.

67 권정생, 〈사랑의 매〉, 『우리들의 하느님』 (서울: 녹색평론사, 2008), 136.

68 권정생, 〈사랑의 매〉, 136.

69 권정생, 〈사랑의 매〉, 132-133.

70 권정생, 〈사랑의 매〉, 135.

71 이충렬이 2018년에 출간한 '권정생 전기'의 제목이다.

72 이계삼이 2001년 『녹색평론』 1·2월호에 게재한 글 제목이다.

73 이기영이 2014년에 출간한 '권정생 일대기'의 제목이다.

74 조월래·정병규, 〈'정생이'는 천사 같은 사람이었지〉, 원종찬 엮, 『권정생의 삶과 문학』 (서울: 창비, 2013), 363.

75 조현, 『울림: 한국 기독교 영성가들』, 31.

76 권정생, 〈그릇되게 가르치는 학부모들〉, 『빌뱅이 언덕』 (서울: 창비, 2012), 214.

77 이현주, 〈동화작가 권정생과 강아지 똥〉, 73. 이현주는 감리교 목사이며 동화작가, 번역가이다. 그의 신학을 그대로 받아들이기에는 어려움이 있다. 그는 이렇게 말하기도 한다. "나는 기독교 목사면서도 '예수의 십자가 보혈이 나의 죄를 대신 속죄했다'는 교리에는 여전히 서먹서먹하다." 72. 물론 그의 말을 문자 그대로 해석해야 하는가에 대하여는 논란의 여지가 있다. 그럼에도 불구하고 나는 그의 주장을 받아들이지는 않는다. 그러나 그의 이와 같은 말 한마디로 인해 그가 하는 말 모두에 귀를 막고 무시할 필요는 없다고 본다. 다만 비판적인 생각을 가지고 취할 것은 취하고 취하지 않을 것은 취하지 않아야 한다고 본다. 이는 권정생의 경우에도 마찬가지이다.

78 권정생, 〈오물덩이처럼 딩굴면서〉, 이철지 엮 『권정생 글 모음: 오물덩이처럼 딩굴면서』 (서울: 종로서적, 1986), 224.

79 권정생, 〈오물덩이처럼 딩굴면서〉, 221-222.

80 홍인표, 『여성과 한국교회』 (서울: CLC, 2019), 73.

81 권정생, 〈현주에게〉, 이철지 엮, 『권정생 글 모음: 오물덩이처럼 딩굴면서』, 254.

82 육순종, 〈추천사〉, 홍인표, 『자유인 김재준』 (서울: 동연, 2020), 10.

83 권정생, 〈현주에게〉, 257.

84 권정생, 〈우리들의 하느님〉, 『권정생 산문집: 우리들의 하느님』 (서울: 녹색평론사, 2008), 25.

85 하나님의 율법(토라)을 권력자가 다른 사람의 소유를 빼앗는 데 사용하는 것은 하나님 앞에 중대한 범죄였다. 북 이스라엘의 왕 아합이 나봇의 포도원을 빼앗기 위해 거짓 증인들을 세운 후 '나봇이 하나님과 왕을 저주했다'는 누명을 씌움으로써 그를 죽이고 그의 포도원을 강탈한 것은 이에 대한 대표적인 사건이다. 이 소식을 들은 선지자 엘리야는 아합 왕과 왕후 이세벨을 찾아가서 강하게 질타하였다. 이렇듯 권력자가 약자의 소유를 율법을 빙자하여 빼앗는 일은 이스라엘 역사에 계속 이어졌는데, 엘리야, 이사야, 아모스, 예레미야 등은 이에 대하여 경고한 대표적인 예언자들이었다. 이러한 죄악의 결과는 국가의 파멸로 이어지기 때문이었다. Gary Burge, 『예수와 땅의 신학』, 이선숙 역 (서울: 새물결플러스, 2020), 40–41.

86 권정생, 『도토리 예배당 종지기 아저씨』 (서울: 분도출판사, 2007), 118–119.

87 교리적 성경 읽기에 대하여는 나의 졸저 『여성과 한국교회: 구한말과 1920년–1930년대를 중심으로』를 참고하기 바란다. 이 책에서 나는 1920–30년대 한국교회의 여권의식이 문자적 성경해석에 의한 것이 아닌, 특정 이데올로기를 합리화하기 위해 교리적으로 성경을 해석하는 '교리적 성경해석'에 의한 것임을 언급하였다. 홍인표, 『여성과 한국교회: 구한말과 1920년–1930년대를 중심으로』 (서울: CLC, 2019).

88 김민식이 작사하고 작곡한 복음성가 '작은 예수'의 한 소절에 나오는 표현이다.

89 수년 전 내가 쓴 졸시를 먼저 소개해 본다.

90 권정생, 〈더 이상 낮아질 수 없는 사람들〉, 『빌뱅이 언덕』 (서울: 창비, 2012), 112.

91 권정생, 〈더 이상 낮아질 수 없는 사람들〉, 112.

92 권정생, 〈더 이상 낮아질 수 없는 사람들〉, 111–112.

93 권정생, 〈자유로운 꼴찌〉, 120.

94 권정생, 〈더 이상 낮아질 수 없는 사람들〉, 110.

95 권정생, 〈자유로운 꼴찌〉, 122.

96 실존주의사상을 대표하는 프랑스의 작가이자 철학자이다. 그가 왕성하게 활동하던 시기인 1945년부터 1970년대 말까지 프랑스의 지식인들과 정치계에 큰 영향을 끼쳤다. 사르트르는 자신의 어린 시절에서 열한 살 때까지의 삶을 그려낸 자서전 〈말Les Mots〉(1964)을 발표하고 그해 노벨문학상 수상자로 선정되었으나 수상을 거절하였다. https://ko.wikipedia.org/wiki/장폴_사르트르 2020년 7월 7일 오후 2시 46분에 접속.

97 권정생, 〈더 이상 낮아질 수 없는 사람들〉, 113.

98 권정생, 〈더 이상 낮아질 수 없는 사람들〉, 113.

99 물론 솔로몬이 전도서에서 인생의 허무함을 말한 것은 아니다. 전도서는 '일의 결국을 다 들었으니 하나님을 경외하고 그의 명령들을 지킬지어다. 이것이 모든 사람의 본분이니라. 하나님은 모든 행위와 모든 은밀한 일을 선악 간에 심판하시리라'라고 종결지음으로써 하나님을 떠난 모든 일이 허무한 것임을 말한다. 즉 전도서의 주제는 '여호와를 경외하는 것이 지식의 근본이거늘 미련한 자는 지혜와 훈계를 멸시하느니라'라는 잠언의 주제와 일맥상통한다.

100 권정생, 〈더이상 낮아질 수 없는 사람들〉, 110.

101 요한복음 9장.

102 요한복음 11장.

103 마태복음 23:13.

104 마태복음 28:11–15.

105 권정생, 〈인간의 삶과 부활의 힘〉, 『권정생 산문집: 우리들의 하느님』 (서울: 녹색평론사, 2008), 52–55.

106 이현주, 〈동화작가 권정생과 강아지 똥〉, 원종찬 엮, 『권정생의 삶과 문학』 (서울: 창비, 2013), 76–79.

107 이대근, 〈권정생 그의 반역은 끝났는가〉, 원종찬 엮, 『권정생의 삶과 문학』 (서울: 창비, 2013), 359.

108 권정생, 〈세상은 죽기 아니면 살기인가〉, 『권정생 산문집: 우리들의 하느님』 (서울: 녹색평론사,

2008), 129.

109 권정생, 〈오물덩이처럼 딩굴면서〉, 이철지 엮, 『권정생 글 모음: 오물덩이처럼 딩굴면서』 (서울: 종로서적, 1986), 220.

110 권정생, 〈인간의 삶과 부활의 힘〉, 『권정생 산문집: 우리들의 하느님』, 51.

111 권정생, 〈글쓴이의 말〉, 『권정생 유년 동화집: 하느님의 눈물』 (서울: 도서출판 산하, 2000), 232–233.

112 권정생, 〈인간의 삶과 부활의 힘〉, 52.

113 권정생, 〈하느님의 눈물〉, 17.

114 권정생, 〈하느님의 눈물〉, 18.

115 권정생, 『하느님이 우리 옆집에 살고 있네요』 (서울: 도서출판 산하, 2005), 164–165.

116 권정생, 〈하느님의 눈물〉, 17–18.

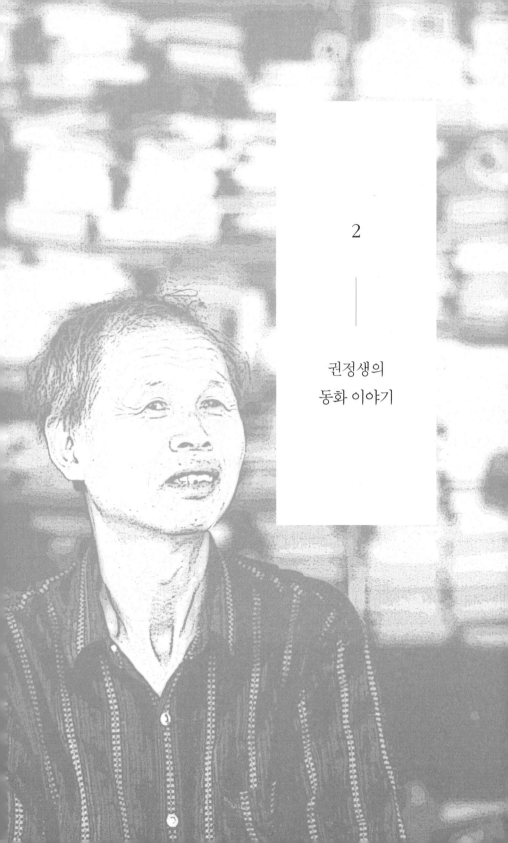

2

———

권정생의
동화 이야기

강아지 똥

1954년 제작된 영화 '길'(La Strada)은 세계적인 명화이다. 이 영화는 무뚝
뚝한 상남자인 차력사 잠파노(안소니 퀸)와 모자란 듯 하지만 맑은 영혼을
가진 광대 소녀 젤소미나(줄리에타 마시나)의 이야기로 잘 알려져 있다. 그
런데 이 영화에서 무엇보다도 나의 가슴에 감동으로 남은 장면은 이 영
화의 또 다른 등장인물인 마토가 젤소미나에게 따뜻한 격려의 말을 해
준 장면이다. 마토는 젤소미나를 데리고 다니는 잠파노와 불편한 관계이
다. 그렇지만 잠파노를 따라다니며 구박받는 젤소미나를 동정하며 따뜻
하게 대해 주었다.

어느 날 자신이 '아무 데도 쓸모없는 존재'라고 신세를 한탄하는 젤소
미나를 따뜻한 눈으로 바라보며 마토는 이런 말을 해주었다.

젤소미나! 하나님은 쓸데없는 물건은 하나도 만들지 않으셨어요. 당신도 마
찬가지예요.

이 영화를 오래전 TV에서 보았기에 전체적인 줄거리가 기억나지 않
지만, 늘 서글픈 표정을 짓고 있는 젤소미나에게 마토가 해준 따뜻한 말
은 잊을 수 없는 감동으로 마음속 깊이 자리 잡았다. 젤소미나가 연주한
서글픈 트럼펫 소리와 함께 말이다. 당시 이 말이 나에게 큰 위로가 되었

음은 물론이다.

오랜 시간이 지난 후 권정생의 동화『강아지 똥』을 읽다가 이런 문구를 발견하였다.

하나님은 쓸데없는 물건은 하나도 만들지 않으셨어. 너도 꼭 무엇인가 귀하게 쓰일 거야.[1]

영화 '길'을 한국어로 녹음할 때『강아지 똥』에 나오는 문구를 차용하였음을 알 수 있었다. 영화 '길'을 감상하며 마토가 젤소미나에게 해준 따뜻한 말에 감동과 위로를 받은 사람이 참 많았으리라 생각한다. 그런데 사실 그 문구의 주인공은 영화 '길'에 나오는 젤소미나와 마토가 아니라, 권정생의 동화『강아지 똥』에 나오는 강아지 똥과 흙덩이었다. 이들의 대화를 들어 보자.

흙덩이: 강아지 똥아, 난 그만 죽는다. 부디 너는 나쁜 짓 하지 말고 착하게 살아라.
강아지 똥: 나 같은 더러운 게 어떻게 착하게 살 수 있니?
흙덩이: 아니야, 하느님은 쓸데없는 물건은 하나도 만들지 않으셨어. 너도 꼭 무엇인가 귀하게 쓰일 거야.[2]

이 작품에 등장하는 흙덩이 또한 강아지 똥처럼 보잘것없는 존재이다. 이 흙덩이는 본래 산 밑 따뜻한 양지에서 아기 감자, 조, 수수, 고추 등 농작물을 심는 용도로 쓰임받았다. 자신에게 뿌리를 내리고 자라는 농작물들을 볼 때마다 흙덩이는 자신에게 그런 사명을 주신 하나님께 감사하며 보람을 느끼곤 하였다. 그러던 어느 날 자신이 속해 있는 밭의 주인이 집을 짓기 위해 소달구지를 끌고 와서 흙을 파 실었을 때 다른 흙들과 함께 소달구지에 실려 가다가 자기 혼자 달구지에서 떨어지고 말았다. 본래 농작물을 자라도록 하는 흙덩이로, 그리고 사람들이 안락하게 살 수 있는 집을 짓는 용도로 쓰임받을 흙덩이로서 자부심을 느꼈지만, 이제는 길 위에 떨어짐으로써 산산이 부서져서 가루가 될 지경에 처한 것이었다.[3] 흙덩이는 본래 자신이 하나님께 소중히 쓰임받은 존재였지만, 이제는 자신이 하나님으로부터 버림받았다고 생각하며 강아지 똥에게 그 말을 해준 것이었다. 이들의 대화를 들어 보자.

흙덩이: 난 이제 그만이야. 조금 있으면 달구지가 이리로 또 지나갈 거야. 그러면 바퀴에 콱 치이고 말지. 산산이 부서져서 가루가 된단다.

강아지 똥: 산산이 부서져서 가루가 된다니? 그럼 그다음엔 어떻게 되니?

흙덩이: 어떻게 되긴 어떻게 돼? 그걸로 끝이야…. 누구라도 죽는 일은 정말 슬퍼. 더욱이 나쁜 짓을 많이 한 사람들은 괴롬이 더 하단다.

강아지 똥: 그럼, 너도 나쁜 짓을 많이 했니? 그래서 괴로우니?

흙덩이: 그래, 나도 나쁜 짓을 많이 했어. 그래서 정말 괴롭구나. 어느 여름이야, 햇볕이 쨍쨍 쬐고 비는 오지 않고 해서 목이 무척 탔어. 그런데 내가 가꾸던 아기 고추나무가 견디다 못해 말라 죽고 말았단다. 그게 나쁘지 않고 뭐야. 왜 불쌍한 아기 고추나무를 살려 주지 못했는지 지금도 가슴이 아프고 괴롭단다.

강아지 똥: 그건 네 잘못이 아니잖니? 햇볕이 그토록 따갑게 쪼이고 비는 오지 않고 해서 말라 죽은 것 아냐?

흙덩이: 그렇지만, 아기 고추나무는 내 몸뚱이에다 온통 뿌리를 박고 나만 의

지하고 있었단다.[4]

　이렇듯 흙덩이가 아기 고추나무의 죽음이 자신의 탓이라고 여긴 이유
는 아기 고추를 미워하는 마음이 있었기 때문이다. 앞서 언급한 것처럼
흙덩이는 자신에게 뿌리를 내리고 성장하는 농작물을 보면서 보람을 느
꼈지만, 때로는 자신의 몸에 있는 습기를 빨아들이는 농작물을 미워하며
귀찮은 존재로 여기기도 하였다. 아기 고추나무가 자신의 몸뚱이에 뿌
리를 박고 물기를 빨아들이기만 하는 것이 못마땅하여 미운 마음을 품고
"그만 죽어 버려라"고 하며 저주까지 한 것이다.[5]

　아기 고추나무를 미워했던 자신을 탓하며 강아지 똥에게 "부디 너는
나쁜 짓 하지 말고 착하게 살아라.", "하느님은 쓸데없는 물건은 하나도
만들지 않으셨어. 너도 꼭 무엇엔가 귀하게 쓰일 거야"라고 축복의 말을
건네준 흙덩이에게 기적과도 같은 일이 일어났다. 갑자기 흙덩이를 향해
달려오던 소달구지가 멈추고 소달구지를 몰고 온 아저씨가 다음과 같은
말을 하며 흙덩이를 조심스럽게 달구지에 실은 것이다. "이건 우리 밭 흙
이 아냐? 어제 이리로 가다가 떨어뜨린 게로군. 우리 밭에 도로 갖다 놓
아야겠어. 아주 좋은 흙이거든."[6]

　흙덩이는 달구지 바퀴에 깔려 가루가 되지 않고 자신이 있었던 밭으로
돌아가서 감사와 보람을 느끼며 해 왔던 일을 계속하게 되었다. 흙덩이
와 헤어진 강아지 똥은 '정말 나도 하느님께서 만드셨다면 무엇에 귀하
게 쓰일까?'라고 생각하며 긴긴 겨울잠에 빠졌다. 어느덧 겨울이 지나고
봄이 된 어느 날, 어미 닭이 병아리들을 데리고 강아지 똥에게 다가왔다.
어미 닭이 강아지 똥에게 다가온 이유는 혹시 강아지 똥이 '병아리들에
게 요기가 될 수 있을까' 하는 기대를 하였기 때문이었다. 누군가의 먹이

가 된다는 것은 소름이 끼칠 만큼 무서운 일이었지만, 강아지 똥은 자신이 병아리들의 요기가 될 수 있다는 기대를 하며 어미 닭에게 이렇게 말하였다.[7]

점심으로 나를 먹어 주시겠다는 거죠? 좋아요. 모두 맛나게 먹어 주세요.

그렇지만 어미 닭은 "아니야, 너는 우리에게 아무 필요도 없어. 모두 찌꺼기뿐인걸"이라고 말한 뒤 병아리들을 데리고 떠났다. 어미 닭의 말을 들은 강아지 똥은 "나는 역시 아무 데도 쓸 수 없는 찌꺼기인가 봐"라고 하며 한숨을 쉬면서 눈물을 흘렸다. 심지어 하나님을 향해 원망하는 마음도 들었다. '하필이면 더럽고 쓸데없는 찌꺼기 똥까지 만들 필요는 없지 않았나'라는 생각이 들기 때문이었다.[8]

밤이 되자, 강아지 똥의 눈에 수많은 별이 보였다. '바람이 불고 비가 내려도 다음 날이면 역시 드높은 하늘에서 아름답게 반짝이는 별들'을 보며 강아지 똥은 '영원히 꺼지지 않는 아름다운 불꽃, 이것만 가질 수 있다면 더러운 똥이라도 조금도 슬프지 않겠다'라는 생각을 하였다.[9] 마침내 강아지 똥은 간절한 염원을 성취할 수 있었다. 그것은 봄이 되어 강아지 똥 앞에서 파란 싹으로 돋아난 민들레와 만남으로써였다.[10] 강아지 똥과 민들레의 대화를 들어 보자.

강아지 똥: 너는 뭐니?
민들레: 난 예쁜 꽃이 피어나는 민들레란다.
강아지 똥: 예쁜 꽃이라니! 하늘에 별만큼 고우니?
민들레: 그럼!

강아지 똥: 반짝반짝 빛이 나니?

민들레: 응, 샛노랗게 빛나.

강아지 똥: 네가 어떻게 그런 꽃을 피울 수 있니?

민들레: 그건 하느님께서 비를 내리시고 따뜻한 햇빛을 비추시기 때문이야.

강아지 똥: 역시 그럴 거야. 나하고 무슨 상관이 있을라고….

민들레: 그리고 또 한 가지 꼭 필요한 게 있어.

강아지 똥: …?

민들레: 네가 거름이 되어 주어야 한단다.

강아지 똥: 내가 거름이 되다니?

민들레: 너의 몸뚱이를 고스란히 녹여 내 몸속으로 들어와야 해. 그래서 예쁜
꽃을 피게 하는 것은 바로 네가 하는 거야.

강아지 똥: 아, 과연 나는 별이 될 수 있구나. 내가 거름이 되어 별처럼 고운
꽃이 피어난다면, 온몸을 녹여 네 살이 될게.[11]

이 작품은 흙덩이가 강아지 똥에게 해준 말이 모두 이루어지며 종결된
다. 그것은 강아지 똥뿐만 아니라, 흙덩이에도 해당하는 것이었다. 흙덩
이는 그가 두려워한 것처럼 달구지 바퀴에 깔려 가루가 되지 않고 다시
주인의 손에 발견되어 본래 있던 밭으로 돌아가게 되었다. 다음과 같은
주인의 칭찬을 들으면서 말이다.

"우리 밭에 도로 갖다 놓아야겠어. 아주 좋은 흙이거든."

강아지 똥은 민들레와 한 몸이 되어 밤하늘 별처럼 빛나는 존재가 되
었다. 흙덩이가 강아지 똥에게 한 말은 참으로 복음이었다. 겉으로 보기

에는 쓸모없어 보이는 존재이지만 하나님이 보시기에는 참으로 귀한 존재임을 권정생은 흙덩이의 입을 통해 말해준 것이다. 표면적으로 볼 때 강아지 똥과 흙덩이는 보잘것없는 존재, 지저분해 보이기조차 한 존재이다. 강아지 똥을 처음 본 참새도 강아지 똥을 쪼아 본 후 "똥 똥 똥… 에그 더러워!"라고 소리치면서 급히 날아갔다.[12] 앞서 언급한 것처럼 병아리들을 데리고 온 어미 닭 또한 강아지 똥을 일컬어 '찌꺼기뿐'이라고 함으로써 강아지 똥 스스로 가치 없는 존재라고 생각하도록 하였다. 그러나 가치 없어 보이는 강아지 똥과 흙덩이가 자신을 희생함으로써 다른 생명이 존재할 수 있도록 하는 소중한 존재임을 권정생은 우리에게 가르쳐 주고 있다. 흙덩이가 강아지 똥에게 "하느님은 쓸데없는 물건은 하나도 만들지 않으셨어. 너도 꼭 무엇인가 귀하게 쓰일 거야"라고 말한 것처럼 강아지 똥은 민들레가 생명을 이어 가도록 하였을 뿐만 아니라, 자신 또한 민들레와 한 몸이 됨으로써 밤하늘 별처럼 빛나는 존재로 다시 태어난 것이다.

겉으로 볼 때 무엇 하나 잘나 보이지 않는 사람도 하나님께서 창조하신 소중한 존재임을 이 작품은 말해주고 있지 않을까. 이 작품에서 강아지 똥에게 관심을 두고 다가온 참새와 어미 닭은 모두 강아지 똥을 일컬어 '가치 없는 존재', '찌꺼기뿐인 존재'라고 하며 급히 떠났다. 마치 누군가에게 관심을 두고 접근했다가 그가 자신에게 별다른 이익을 끼치지 않음을 알고는 상처 주는 말을 하며 떠나는 '이기적인 인간 사회'를 보는 것 같아 서글픈 생각이 든다. 표면적으로 볼 때 무능해 보임으로써 사람들로부터 무가치한 존재로 소외당하는 사람이라 해도 하나님이 보시기에는 소중한 존재, 소중하게 쓰임받는 존재임을 권정생은 우리에게 가르쳐 주고 있다.

이 작품을 쓸 무렵 권정생은 마치 강아지 똥처럼 비천한 모습이었다. 병으로 인해 내일을 장담하기 어려운 삶을 살고 있었다. 하루하루 죽음에 대한 생각으로부터 벗어나지 못하는 권정생에게 '비천하고 더러운 강아지 똥이 밤하늘 별처럼 빛나는 민들레로 변하는 것'은 막연한 동경 혹은 간절한 염원이었는지도 모른다. 하지만 권정생의 간절한 염원은 이루어졌다. 약 100여 편의 주옥같은 문학작품을 남김으로써 수많은 이들의 마음에 밤하늘의 별처럼 빛나게 된 것이다.

권정생은 흙덩이의 입을 빌어 "하느님은 쓸데없는 물건은 하나도 만들지 않으셨어. 너도 꼭 무엇인가 귀하게 쓰일 거야"라고 말하였다. 나는 그것이 하나님께서 권정생을 통해 우리에게 하신 말씀이라고 생각한다. 그것은 '권정생이 흙덩이의 입을 빌어 우리에게 전해 준 복음'이 아닐 수 없다. 아니 '하나님께서 권정생을 통해 우리에게 전해 주신 복음'이 아닐 수 없다. 그의 나이 29세이던 1966년 5월에 콩팥을 하나 들어내는 수술을 하였고, 12월에는 방광을 들어내는 수술을 함으로써 노동력을 상실한 자신을 보며 자신을 무가치한 존재로 생각하는 권정생에게 성령께서 이런 말씀을 들려주셨으리라.

아니야, 하나님은 쓸데없는 물건은 하나도 만들지 않으셨어. 너도 꼭 무엇인가 귀하게 쓰일 거야.

그것은 이기적인 인간 사회에서 비교 의식을 느끼며 때로는 자신의 무가치함을 탄식하는 우리가 기억해야 할 하나님의 복음이 아닐 수 없다. 비천해 보였던 강아지 똥은 민들레와 한 몸이 됨으로써 밤하늘의 별처럼 빛나는 존재가 되었다. 마치 누가복음 16장에 나오는 거지 나사로를 연상시킬 만큼 비천해 보였던 권정생[13]이 하나님 앞에서 소중하게 쓰임받았음은 두말할 나위가 없다. '흙덩이가 전해 준 복음'을 우리가 늘 기억해야 할 이유가 여기에 있다. 우리도 하나님께서 귀하게 만드신 존재로서 언젠가 소중히 쓰임받을 것이기 때문이다. 아니 어쩌면 지금 소중히 쓰임받고 있는지도 모르기 때문이다.

일직교회 문간 방 앞에서

눈물 흘리시는 하나님[14]

오랜 시간 그리스도인들의 마음 깊은 곳에 감동으로 자리 잡은 노래를 한 곡 소개하고 싶다. 그 노래가 우리를 향한 하나님의 심정을 잘 말한다고 생각하기 때문이다.

창문 두드리며 비가 오네. 눈물의 빗줄기. 자녀들 위하여 오래 흐느껴 온 이 세상, 이 세상. 우리 위하여 죽으신 아기 예수께 우리는 무얼 배웠나? 왜 아직 서로 헐뜯고 평화 모를까? 왜 우리 눈은 이리 어둘까?

그 옛부터 들려오는 외침 내 귀에 들리네. 전쟁과 굶주림 못 견디어 우는 저 음성, 저 음성. 우리 위하여 죽으신 아기 예수께 우리는 무얼 배웠나? 왜 아직 서로 헐뜯고 평화 모를까? 왜 우리 눈은 이리 어둘까?

한국교회에서 가장 익숙한 말은 '영혼 구원'일 것이다. 하지만 성경에서 말씀하는 것 가운데 '영혼 구원만큼 중요한 가치'에 대해 우리는 얼마나 관심을 두고 있는지 생각해 보고 싶다. 그것은 '샬롬(평화)'이다.

기원전 8세기 남 유다의 다사다난(多事多難)한 시대에 선지자로 부르심을 받은 이사야는 샬롬의 의미에 대하여 다음과 같이 설명하였다.

그때에 이리가 어린 양과 함께 살며 표범이 어린 염소와 함께 누우며 송아지와 어린 사자와 살진 짐승이 함께 있어 어린아이에게 끌리며 암소와 곰이 함께 먹으며 그것들의 새끼가 함께 엎드리며 사자가 소처럼 풀을 먹을 것이며 젖 먹는 아이가 독사의 구멍에서 장난하며 젖 뗀 어린아이가 독사의 굴에 손을 넣을 것이라. 내 거룩한 산 모든 곳에서 해 됨도 없고 상함도 없을 것이니 이는 물이 바다를 덮음같이 여호와를 아는 지식이 세상에 충만할 것임이니라 (사 11:6-9).

이사야는 남 유다 웃시야 왕의 죽음 직후 선지자로 부르심을 받았다. 그가 선지자로 활동하는 동안 웃시야의 아들 요담이 왕위를 이어받았고 요담의 뒤를 이어 아하스가 왕위를 이어받았다. 이사야는 적어도 60여 년 가량 남 유다의 선지자로 활동한 것으로 보인다. 이 기간에 남 유다는 이웃의 거대한 나라 앗수르로부터 침공 위협을 받는 등 대내외적인 혼란이 끊이지 않았다. 사실 이사야가 활동한 기원전 8세기뿐만 아니라 구약 시대 전반이 전쟁의 시대였다고 해도 과언이 아니다.

전쟁은 결코 하나님으로부터 비롯된 것이 아니다. 그러나 전쟁은 인간이 하나님 앞에 범죄한 후부터 지금까지 멈추지 않고 있다. 소천하기 몇 년 전 자신을 찾아온 기독교인 몇 사람에게 권정생은 다음과 같은 질문을 하였다.

"이라크에서 전쟁을 일으키는 것도, 사람들에게 그 많은 고통을 주는 것도 하나님의 뜻인가요?", "하나님이 우리에게 일제 강점기 36년과 6·25전쟁의 고통을 주셨나요?"[15]

이러한 권정생의 질문은 무슨 일을 하든 관성적으로 '하나님의 뜻'에 갖다 붙임으로써 전쟁조차 하나님의 섭리라고 말하는 기독교인들의 습관에 대한 일침이었다.[16] 질문한 후 잠시 침묵하던 권정생은 이렇게 말하였다.

아닙니다. 이 모든 것은 인간이 한 짓입니다. 인간 때문에 이런 고통을 겪는 것입니다. 사람들이 교회에서 착하게 살라는 설교를 귀가 따갑게 들으면서도 한 가지도 행하지 못하고 서로 싸우기 일쑤인데 왜 그럴까요? 세상에 교회가 없었다면 어땠을까요? 세상에 교회와 절이 이렇게 많은데, 왜 전쟁을 막지 못하는 걸까요?"[17]

권정생의 작품에 나오는 사람과 동식물 중에서 이러한 권정생의 심정을 잘 말하고 있는 동물은 그의 유년 동화집 『하느님의 눈물』에 등장하는 토끼인 '돌이'일 것이다. 돌이가 하나님과 나눈 대화를 통해 선지자 이사야가 말한 '샬롬'의 의미를 생각해 보게 된다. 돌이와 하나님의 대화를 들어 보자.

"하느님, 하느님은 무얼 먹고 사셔요?"
"보리수나무 이슬하고 바람 한 줌, 그리고 아침 햇빛 조금 마시고 살지."
"어머나! 그럼 하느님, 저도 하느님처럼 보리수나무 이슬이랑, 바람 한 줌, 그리고 아침 햇빛을 먹고 살아가게 해주셔요."

돌이의 소원을 들으신 하나님은 이렇게 대답하셨다.

"그래, 그렇게 해주지. 하지만, 아직은 안 된단다. 이 세상 모든 사람들이 너처럼 남의 목숨을 소중히 여기는 세상이 오면, 금방 그렇게 될 수 있단다."

그러자 돌이는 당황해하며 하나님께 반문하였다.

"이 세상 사람들 모두가요?"

하나님의 대답은 단호하기까지 하였다.

"그래, 이 세상 사람 모두가."

그러나 하나님은 잠시 후 이렇게 말씀하셨다.

"하지만, 내가 이렇게 애타게 기다리는데도 사람들은 기를 써 가면서 남을 해치고 있구나."[18]

『하느님의 눈물』에 등장하는 토끼 돌이는 사실 성경에서 말하는 '샬롬'을 추구하는 인물의 이상적인 모습이 아닐까. 돌이의 모습을 조금 더 살펴보자.

돌이는 산에 사는 털빛이 노란 토끼이다. 돌이는 어느 날 살기 위해 식물을 먹어야 하지만 그러면 식물의 목숨을 빼앗아야 하는 현실에서 고민에 빠진다.

"칡넝쿨이랑 과남풀이랑 뜯어 먹으면 맛있지만 참말 마음이 아프구나. 뜯어

먹히는 건 모두 없어지고 마니까. 하지만 오늘도 난 먹어야 사는걸. 이렇게 배가 고픈걸."

고민하면서 산등성이를 돌아다니던 돌이는 조그만 아기 소나무 곁에 돋아 있는 풀무꽃풀을 발견하고 이렇게 말한다.

"풀무꽃풀아. 널 먹어도 되니?"

돌이의 말을 들은 풀무꽃풀은 아무 대답도 못 하고 바들바들 떨 뿐이었다.

"널 먹어도 되는지 물어봤어. 어떡하겠니?"

그러자 풀무꽃풀은 바들바들 떨면서 이렇게 대답하였다.

"갑자기 그렇게 물으면 넌 뭐라고 대답하겠니? 죽느냐 사느냐 하는 대답을 제 입으로 말할 수 있는 사람이 이 세상에 몇이나 있겠니? 차라리 먹으려면 묻지 말고 그냥 먹어."[19]

돌이는 잠시 고민하다가 말 없이 돌아섰다. 깡충깡충 풀밭 사이를 뛰어다니며 '댕댕이 덩굴', '갈매 덩굴 잎사귀' 그리고 '비디취 나물', '고수대 나물', '수리취 나물'을 보면서도 말 없이 돌아설 뿐이었다.[20] 사실 먹힌다는 것, 죽는다는 것은 모두가 운명이고 마땅한 일이다.[21] 하지만 돌이는 먹기보다는 먹히는 것, 죽이기보다는 죽임당하는 것을 자신에게 나은 일

로 받아들였다. 돌이가 서산 너머로 넘어가는 해님과 나눈 대화를 들어
보자.

"해님 아저씨, 어떡해요? 나 아직 아무것도 못 먹었어요."
"왜 아무것도 못 먹었니?"

해님이 눈이 동그래져서 묻자 돌이 토끼는 하루 동안 겪은 일을 모두
들려주었다.

"정말 넌 착한 아이로구나. 하지만, 먹지 않으면 죽을 텐데 어쩌지."

해님이 걱정스레 말하자, 돌이 토끼는 이렇게 대답하며 줄줄 눈물을
흘리기 시작했다.

"차라리 죽는 것이 낫겠어요. 괴롭지만 않다면 죽어도 좋아요."[22]

돌이 토끼의 눈물이 하나님을 간절히 찾는 기도가 되었을까? 돌이 토
끼가 설움에 복받쳐 허공에 던진 하소연에 하나님은 부드러운 음성으로
응답하셨다. 돌이 토끼와 하나님이 나눈 대화 가운데 후반부를 다시 한
번 들어 보자.

"그래, 그렇게 해주지. 하지만, 아직은 안 된단다. 이 세상 모든 사람이 너처
럼 남의 목숨을 소중히 여기는 세상이 오면, 금방 그렇게 될 수 있단다."
"이 세상 사람들 모두가요?"

"그래, 이 세상 사람 모두가. 하지만, 내가 이렇게 애타게 기다리는데도 사람
들은 기를 써 가면서 남을 해치고 있구나."

그리고 하나님은 돌이에게 가장 인간적인 모습을 보여주셨다. 거룩하
신 하나님께서 돌이에게 눈물을 보여주신 것이다.

"돌이 토끼 얼굴에 물 한 방울이 떨어져 내렸습니다. 하느님이 흘린 눈물이었
습니다."²³

구약성경에서 묘사되는 하나님의 속성은 '거룩성'이다. 하나님을 본
인간은 모두 두려움에 휩싸였다. 이사야 선지자조차 "화로다! 나는 망하
게 되었도다"(사 6:5)라는 반응을 보였다. 하지만 돌이와 대화하신 하나님
은 그런 모습과 거리가 멀다. 돌이에게 '애절한 심정'을 털어놓으시고 눈
물을 보이기까지 하시는 하나님이다.

권정생은 우리에게 눈물 흘리시는 하나님을 말하고 있다. 인간들의
평화를 애태우며 기다리시는 하나님을 말하고 있다. '샬롬'은 하나님께
서 눈물을 보여주실 만큼 소중한 가치이기 때문이다. 오랫동안 한국교
회는 '개인의 영혼 구원'을 강조해 왔다. 물론 개인의 영혼 구원은 너무나
중요하다. 하지만 하나님께서 염원(念願)하시는 샬롬에 대해서는 개인의
영혼 구원만큼 관심을 가지지 않은 것을 깊이 고민해야 하지 않을까?

한국교회의 정치 참여가 대형화된 것은 2000년대에 들어선 이후이다.
종교사회학자 강인철은 이를 일컬어 '보수 기독교인들이 광장으로 몰려
오고 있다'라고 표현하였다.²⁴ 강인철이 말한 것처럼 광장으로 몰려온 일
각의 기독교인 중에는 '계엄령이 답이다. 군대여 일어나라'며 평화와

대치되는 보수 측 일부의 말에 동의하기도 하였다. 그뿐만 아니라 사실상 우리 사회의 약육강식 경제체제에 대하여 묵인해 왔음도 부인할 수 없다. 이는 하나님을 향한 신앙을 고백하는 한국교회가 정작 하나님의 뜻에 역행한 것은 아닐까?

자신이 창조하신 인간들이 '기를 써 가면서 남을 해치고 있는 모습'을 보시며 하나님은 눈물을 흘리고 계시지 않을까? "군대여! 일어나라"를 말하는 한국교회 일각을 보시며 하나님은 눈물을 흘리고 계시지 않을까? '약육강식의 경제체제'를 묵인하며 그것을 성경의 정신으로 생각하는 한국교회 일각을 보시며 하나님은 눈물을 흘리고 계시지 않을까?

공중 나는 새를 보라

권정생은 생애 대부분을 가족과 떨어져 외롭게 지냈다. 1967년 남동생마저 결혼을 시켜 분가한 후 1968년 2월 일직교회 문간방에서의 홀로 사는 생활[25]을 시작으로 그는 평생 가정을 꾸리지 않고 지냈다. 홀로 사는 그를 염려하는 누군가의 대화에서 권정생은 과연 동화작가답게 대답하였다.

　"장가는 못 가 봤는가요?"

　"예, 못 가 봤습니다."

　"그럼, 연애도 못 해 봤나요?"

　"연애는 수없이 했지요. 할아버지 할머니하고도 아이들하고도 강아지하고도

　생쥐하고 개구리하고도 개똥하고도⋯."[26]

　권정생은 "나에게 베풀어주신 하느님의 은혜는 자유로운 몸이었다"라고 하였지만[27] 사실 그것은 대화를 나눌 상대조차 없고[28] 몸이 아파 몸부림칠 때도 홀로 감내해야 하는 생활이었다. 권정생은 질고로 인해 고달픈 하루하루를 지냈다. '쓰고 싶은 글을 마음껏 쓸 수 있게 건강만 하다면 더 바랄 것이 없는'[29] 그였지만, 당장 내일을 장담할 수조차 없는 건강 문제로 인해 결혼까지 포기할 수밖에 없었다. 권정생은 그가 사는 곳에서

멀지 않은 서부교회에서 일하는 장영자 전도사와 서로 호감을 느꼈지만, '자신이 언제까지 살 수 있을까 하는 불안감'을 상대에게 부담 지울 수 없어서 결혼을 포기한 것이다.[30]

그는 일생 가족의 도움을 거의 받지 못한 채 외롭게 살았다. 물론 일본에 있는 그의 셋째 형의 도움으로 콩팥 하나와 방광을 제거하는 수술을 받았지만, 궁핍한 생활을 하는 셋째 형으로부터 더 이상의 경제적 지원을 받는 것은 불가능하였다.[31] 일직교회 문간방에서 홀로 사는 생활을 시작한 후 권정생에게 도움을 주는 이들은 권정생과 마찬가지로 궁핍한 삶을 사는 이웃들이었다.

사실 권정생이 일직교회 문간방으로 들어오기 전, 어머님이 돌아가신 후 약 3개월 동안 집을 나와 떠돌아다니는 생활을 했을 때도 그는 '날마다 깡통에 밥을 꾹 눌러 주는 점촌 조그만 식당 아주머니', '가로수 밑에 쓰러져 있을 때 두레박에다 물을 길어 헐레벌떡 달려와 먹여 주시던 이름 모를 할머니', '그에게 뱃삯을 받지 않고 강을 건너게 해준 뱃사공 할아버지' 등 그가 알지 못했던 이들의 도움으로 생존할 수 있었다.[32]

그뿐만 아니라 1969년 그의 동화 〈강아지 똥〉이 발표된 후 일생의 벗으로 만난 목사이며 아동문학가인 이현주, 일생의 벗이며 스승이 되어준 교육가이면서 아동문학 평론가인 이오덕을 만남으로써 오늘날의 권정생이 있게 되었음을 부인할 수 없다. 비록 권정생은 가족의 도움 없이 병약한 몸을 가지고 살아왔지만, 하나님께서 그를 친히 돌보심으로써 돕는 손길들을 만나도록 하였음을 발견한다.

권정생 또한 이와 같은 삶을 하나님의 은혜로 사는 삶으로 인식하였을 것이다. 일찍이 교회의 주일학교 어린이들이 혼자 사는 권정생에게 "집사님은 혼자 잘 때 무섭지 않으세요?"라고 질문하였을 때 권정생은 "하나님과 예수님이 양옆에서 주무시기 때문에 무섭지 않단다"[33]라고 웃으면서 대답하였지만, 이를 동화작가의 가벼운 농담으로 흘릴 수 없는 이유가 여기에 있다.

권정생의 작품에서 발견되는 '홀로서기를 해야 하는 어린이들을 향한 격려'들이 상투적인 말이 아닌 따뜻한 손길로 느껴지는 이유가 그의 삶 속에서의 경험이 기인하였기 때문이라고 본다. 이처럼 권정생의 따뜻한 격려가 녹아 있는 동화는 『동근이와 아기 소나무들』이다. 이 작품에 나타난 동근이를 향한 권정생의 따뜻한 격려를 살펴보도록 하자.

아기 소나무 세 그루가 나란히 서 있는 삼거리를 돌아가는 모퉁이 산자락에는 아침마다 다섯 명의 아이들이 책가방을 메고 지나간다. 순영이, 종태, 윤숙이, 진찬이 그리고 동근이가 그들이다. 이 가운데 동근이는 아기 소나무들로부터 "그런데 동근이는 뭐야. 세수도 안 하고 맨날 꼴찌에 남아 달려가더라"라며 무시를 당하는 어린이이다.[34] 그런데 어느 날 학교에 가는 어린이들 속에서 동근이가 보이지 않았다. 내리 사흘 동안 동근이가 보이지 않자 아기 소나무들은 동근이가 은근히 걱정스러워지기 시작했다. 그래서 아기 소나무들은 자유롭게 날아다니는 굴뚝새에게 동근이가 어떻게 지내는지 보고 와 달라고 부탁하였다.

"굴뚝새야, 앞으로는 너한테 절대 '깜둥거지야'하고 놀리지 않을게, 그러니까 심부름 좀 해줘."
"피이, 일부러 심부름시키려고 안 놀린다 하는 거지 뭐."
"아니야, 정말이야, 동근이가 벌써 사흘째 학교에 못 가고 있는데 너는 궁금하지 않니?"
"그것 정말이니?"

"그러니까 부탁이야. 동근이가 왜 학교에 못 가는지 찾아가 봐 줘."

"응."[35]

굴뚝새가 동근이네 집으로 찾아갔을 때 동근이네 초가집 방문이 반쯤 열려 있고 방 안에는 몹시 편찮으신 할머니가 누워 계시고, 그 옆에 동근이가 앉아 있었다. 굴뚝새가 할머니와 동근이의 대화를 들으려고 귀를 잔뜩 기울이자 할머니가 조근조근 동근이에게 하시는 말씀이 들렸다.[36]

동근아, 이 할머니가 죽더라도 너 혼자 씩씩하게 살아갈 수 있겠지? 어미도 아비도 없는 너를 두고 내가 차마 죽어서는 안 되지만, 그러나 사람 목숨을 어떻게 알 수 있냐. 그러니까 지금부터라도 너는 마음을 단단히 하고 굳세게 살아갈 준비를 해야 한다….[37]

굴뚝새로부터 동근이의 딱한 사정을 전해 들은 아기 소나무들은 가슴이 철렁 내려앉을 만큼 놀라고 말았다. "으앙!" "으앙!" 울음보를 터뜨려 버린 아기 소나무들은 이내 마음을 가다듬고 "동근아, 우리도 지금 엄마, 아빠가 없어도 이렇게 씩씩하게 자라나고 있단다"라고 말하며 가슴에 두 손을 모았다.[38]

권정생의 동화 〈동근이와 아기 소나무들〉은 아기 소나무들이 동근이를 축복하고 격려하며 끝을 맺는다. 권정생이 이 작품의 제목을 '아기 소나무'가 아닌 '아기 소나무들'이라고 명명한 것에는 중요한 의미가 있다. 아기 소나무들은 작고 연약하지만 함께 살아가며 어려움을 극복한다. 여름에는 무더위와 폭우를 견디고 겨울에는 매서운 바람과 차가운 눈을 견디지만, 함께 극복하며 한 해, 한 해 성장한다. 아기 소나무들은 굴뚝새와도 친구로 지낸다. 비록 아기 소나무들이 굴뚝새의 외모를 보고 '깜둥거지'라고 놀리는 등 철없는 행동도 하지만, 굴뚝새와 아기 소나무들은 서로 도움을 주고받으며 동근이의 딱한 처지를 함께 슬퍼하고 동근이의 행복을 기원한다.

아기 소나무들은 "동근아, 우리도 지금 엄마, 아빠가 없어도 이렇게 씩씩하게 자라나고 있단다"라고 말하면서 '두 손을 가슴에 꼭 모았다.' 일찍이 일직교회 종지기 시절 날마다 참석한 새벽 기도회에서 가난한 이웃을 위해 기도했고 생애 마지막까지 전 세계 어린이들을 위한 기도를 멈추지 않았던 권정생이기에 두 손을 가슴에 꼭 모으는 아기 소나무들의 모습에 기도하는 권정생의 모습이 투영되는 것은 자연스럽다.

권정생이 그의 작품에서 강조하는 것 가운데 하나가 '함께 살아가는 삶'이다. 아기 소나무들은 혼자가 아닌 함께 사는 삶을 살아간다. 동근이 또한 순영이, 진찬이, 종태, 윤숙이 등 친구들과 함께 살아간다. 권정생은 이 작품에서 장차 동근이가 친구들과 이웃들의 관심 속에서 꿋꿋하게 자랄 것을 암시한다. 물론 동근이는 할머니의 당부처럼 '홀로 살아갈 수 있도록 마음을 굳게 해야' 한다. 스스로 살아갈 수 있도록 마음을 굳게 할 때, 하나님의 도우심을 경험하기 때문이다. 권정생이 볼 때 홀로된 동근이의 삶은 결코 비관적이지 않다. 권정생이 하나님의 도우심으로 많은 사람들과 도움을 주고받으며 일생 아름다운 삶을 영위할 수 있었던 것처럼 말이다. 예수께서는 이렇게 말씀하셨다.

그러므로 내가 너희에게 이르노니 목숨을 위하여 무엇을 먹을까 무엇을 마실까 몸을 위하여 무엇을 입을까 염려하지 말라. 목숨이 음식보다 중하지 아니

하며 몸이 의복보다 중하지 아니하냐. 공중의 새를 보라. 심지도 않고 거두지
도 않고 창고에 모아들이지도 아니하되 너희 하늘 아버지께서 기르시나니 너
희는 이것들보다 귀하지 아니하냐(마 6:25-26).

공중에 나는 새들을 하나님께서 기르시는 것처럼 할머니를 잃고 홀로
서야 하는 동근이 또한 하나님께서 기르신다. 그렇지만 하나님께서 동
근이를 기르시는 방법은 초자연적인 방법이 아니다. 이웃을 통해, 친구
들을 통해 동근이의 손을 잡아주고 동근이가 필요한 것을 공급해 주시는
방법으로 동근이를 길러 주신다. 권정생 또한 가난한 그의 이웃들이 권
정생의 필요한 것을 공급해 줌으로써 생존할 수 있었다. 물론 권정생 또
한 생존하는 가운데 하나님께서 맡겨 주신 글 쓰는 일을 하기 위해 몸부
림쳤다. 그때 하나님께서도 그의 이웃을 통해 권정생에게 공급해 주셨
다. 마찬가지로 동근이 또한 홀로서기를 하기 위해, 몸부림쳐야 한다. 그
때 하나님께서 이웃을 통해 동근이의 필요를 공급해 주신다. 그것이 하
나님께서 동근이를 기르시는 방법이다. 하나님께서는 한순간도 동근이
를 떠나지 않고 그를 지키신다. 그의 친구, 그의 이웃을 통해서 말이다.
공중 나는 새보다, 아궁이에 들어갈 풀보다 훨씬 소중하기 때문이다.
　최선을 다해 살아온 삶 속에서 가끔 주위를 둘러볼 때 아무도 없는 듯
한 생각이 들어도 외로워하거나 두려워하지 않아도 되는 이유가 여기에
있다. 지금까지 살아오면서 혼자의 힘으로만 살아온 사람은 아무도 없
다. 누군가의 도움이 있었다. "내가 힘들 때, 내가 외로울 때 하나님! 당
신은 어디 계셨나요?"라고 탄식하고 싶을 때가 있다. 하지만 하나님은
바로 거기에 계셨다. 우리 자신과 함께 계셨다. 주위에 내가 쓰러지지 않
도록 붙잡아 주는 사람들이 있었다. 하나님께서 보내신 사람들의 도움으

로 어려운 환경, 힘든 고비를 극복하고 지금까지 온 것이다. 하나님께서는 우리 자신이 때로는 누군가를 붙잡아 주는 천사 역할을 하도록 하시고, 때로는 누군가로부터 도움을 받도록 하신다. 하나님께서는 외로움과 두려움에 사로잡힌 이사야 선지자에게 이렇게 말씀하셨다. 이 말씀은 지금 우리에게 하시는 하나님의 말씀이라고 생각한다.

두려워하지 말라. 내가 너와 함께함이라. 놀라지 말라. 나는 네 하나님이 됨이라. 내가 너를 굳세게 하리라 참으로 너를 도와주리라. 참으로 나의 의로운 오른손으로 너를 붙들리라(사 41:10).

소곤소곤 말씀하시는 하나님

많은 그리스도인들이 애창하는 찬송가가 있다. 그래서 간혹 결혼 예배에서 이 찬송가를 부르기도 한다.

나의 갈 길 다 가도록 예수 인도하시니 내 주 안에 있는 긍휼 어찌 의심 하리요. 믿음으로 사는 자는 하늘 위로받겠네. 무슨 일을 만나든지 만사형통하리라. 무슨 일을 만나든지 만사형통하리라.

결혼 예배에서 이 찬송을 부르는 까닭은, 수많은 역경을 이겨내고 결혼으로 가정을 이룬 두 사람이 '만사형통하는 삶'을 살기를 바라는 마음이 간절하기 때문이 아닐까. 그렇지만 기대와는 달리 가정을 이룬 후에도 그런 삶이 주어지지는 않는 경우가 적지 않다. 쉽지 않은 삶, 만사형통과는 거리가 있는 삶 말이다. 그렇기 때문에 가정을 이루기 전에 간혹 하나님 앞에 늘어놓았던 푸념을 가정을 이룬 후에도 간혹 늘어놓는다.

하나님! 제 얘기 듣고 계시나요?
하나님! 말씀 안 하시나요?
하나님! 자꾸 침묵하시면 저 삐져요.
하나님! 응답 안 하시면 저 울 거예요.

하나님! 너무하세요.

권정생의 동화 작품 가운데는 그러한 측면에서 깊이 공감할 수 있는 작품이 발견된다. 권정생의 유년 동화『산버들나무 밑 가재 형제』[39]에서 동생 가재가 하나님 앞에 늘어놓는 푸념에서 많은 사람이 공감하지 않을까. 쉽지 않은 삶을 살면서 하나님께 푸념을 늘어놓고 때로는 울부짖기 때문이다. 권정생 또한 그 가운데 하나였음은 물론이다. 그는『산버들나무 밑 가재 형제』에 등장하는 동생 가재의 모습을 통해 하나님 앞에 때로는 단독자로 서 있어야 하는 그리스도인의 모습을 그리고 있다.

이 작품의 주인공 가재 형제는 서로를 의지하며 살아간다. 부모님이 계시지 않기 때문에 어린 동생 가재를 돌보는 일은 형 가재의 몫이었다. 장맛비가 쏟아지는 동안 가재 형제는 작은 구멍 속에 꼼짝하지 않고 갇혀 있어야 했다. 동생 가재는 비좁고 답답한 구멍으로부터 속히 벗어나서 마음껏 헤엄치고 싶었다. 작은 구멍 속에서 일곱 밤을 자고 나서 비가 질금질금 뿌리더니 여드레째는 깨끗이 개었다. 동생 가재는 즉시 밖으로 나가고 싶었지만, 언니 가재는 아직 붉은 황토물이 큰 소리로 흘러가는 위험한 상황에서 동생 가재가 나가도록 할 수 없었다.[40]

다음 날 물소리가 잠잠해지고 흙탕물이 깨끗이 가라앉자 가재 형제는 구멍에서 나왔다. 가재 형제는 따스한 햇볕을 느끼며 보드라운 이끼의 새순과 홍수에 떠내려온 보리 알맹이를 배불리 먹은 후 마음껏 뛰어놀았다. 잠시 후 동생 가재가 언니 가재에게 말했다.

"언니도 이제 장가를 가야지? 저 아래 미루나무 밑 바윗돌 밑에 이쁜 색싯감 있다더라. 언니도 알지?"

동생의 말에 선뜻 대답할 수 없었던 언니 가재는 잠시 후 이렇게 대답하였다.

"알아…. 하지만 내가 가 버리면 너 혼자 괜찮겠니?"

그러자 동생 가재는 이렇게 대답했다.

"괜찮아, 조금은 외로울지 몰라도. 언젠가는 헤어져야 하는 건데 뭐."

언니 가재는 말 없이 동생 가재를 보듬어 안았다.[41] 닷새 후 언니 가재는 동생 가재를 떠나 미루나무가 있는 바윗돌 밑 예쁜 아가씨 가재에게 장가를 갔다. 동생 가재를 떠나는 언니 가재의 눈에는 눈물이 그윽히 맺혀 있었다. 언니 가재는 동생 가재에게 "너도 얼른 튼튼하게 자라서 어른이 돼야지"라며 당부를 하였고 동생 가재는 "그래, 언니만큼 클 거야. 부지런히 많이 먹고 잠도 잘 자고…"라며 대답하였다.[42]

언니 가재가 떠난 후 동생 가재와 언니 가재가 헤어지는 모습을 근처에서 조용히 지켜보던 큰 구멍집 할머니 가재가 슬퍼하고 있는 동생 가재에게 다가와서 위로의 말을 건넸다. 할머니 가재와 동생 가재의 대화를 살펴보자.

"헤어질 때 다 그렇지. 하지만 금방 잊어버리게 마련이야. 하느님이 잊어버리
도록 해주시니까."
"하느님도 알아요? 언니 장가간 거."
"그럼, 알잖고."

"어떻게 알아요?"

"하느님은 무엇이나 다 보고 듣고 헤아리고 계시거든."

"밤중까지도 보고 계셔요?"

"그럼 절대 안 주무시니까."[43]

언니 가재가 떠난 날 밤늦도록 동생 가재는 잠을 이루지 못했다. 문득 낮에 큰 구멍집 할머니 가재가 한 말이 생각났다. '하느님은 밤에도 안 주무신댔지.' 동생 가재는 가만히 밖으로 나왔다. 맑은 물속에는 별빛이 아롱아롱 춤추고 있었다.[44] 동생 가재는 물속에서 캄캄한 하늘을 쳐다보면서 가만히 하나님을 불렀다. "하느니임!" 하지만 아무런 대답이 없었다. "하느님!" 다시 한번 불러 보았지만, 이번에도 역시 대답이 없었다. 동생 가재는 하나님을 부르며 계속해서 말을 건넸다.

"오늘은 우리 집까지 안 오셨어요?"

"왜 대답이 없으셔요?"

"대답하기 싫드래도 들어주셔요."[45]

아무런 대답이 없음에도 불구하고 동생 가재는 자꾸자꾸 하나님께 말을 걸었다.

"하느님네 언니도 장가갔나요?"

"엄마하고 아부지 돌아가셨구요?"

"하느님도 이 담에 튼튼해지면 장가가셔요?"

"하느님은 밤중에 혼자 있어도 무섭잖으셔요?"[46]

하나님의 침묵을 느끼며 동생 가재는 외로움과 두려움 속에서 울음을 터뜨리고 말았다.

"대답 않으셔요?"
"자꾸 가만 계시면 내가 울 거예요."
"하느님, 무섭다아!"[47]

동생 가재가 눈물로 밤을 새울 때 어느 사이 할머니 가재가 동생 가재 곁에 와 있었다.

"왜 이렇게 밖에 쓰러져 있니?"
"할머니."
"응?"
"어젯밤, 하느님 불러도 대답도 않으셨어."
"무섭더냐?"
"하느님하고 얘기하고 싶었어요. 무섭기도 하고 쓸쓸하기도 해서요, 그런
   데 하느님은 귀를 꼭 막아 놓고 내 말 안 들었어요. 하느님은 늑대보다도
   나빠요."

동생 가재의 원망을 들은 할머니 가재는 동생을 다독였고 동생 가재는 할머니 가재에게 원망을 계속하였다.

"아니다. 하느님은 어젯밤 틀림없이 네가 부르는 소리 듣고 계셨어."
"아니에요. 듣지 않았어요. 딴 데 한눈팔고 계셨어요."

할머니 가재는 동생 가재를 다독이면서 하나님께서 대답하지 않으신 이유를 말해주었다.

"그런 게 아니라니까. 네가 겁쟁이가 되지 말고 용감한 애가 되라고 대답하고 싶어도 가만히 계셨어. 하느님은 간신히 참고 계셨을 거야. 그러면서 속으로만, '쪼고만 가재야, 참고 살아라. 이 세상에서 가장 용감한 애가 되어라' 하시면서 빌었을 거야."

비로소 동생 가재는 할머니 가재의 말에 수긍하며 가만히 듣기 시작했다.

"정말로 하느님이 대답해 줬지만 네가 못 들었는지도 모른다. 하느님은 아주 조용조용 이야기하시는 분이거든."[48]

할머니 가재의 말에 수긍한 동생 가재는 아침 햇살을 받으며 산버들 그늘 아래로 기어가면서 이렇게 생각하였다.

'난, 이 세상에서 제일 용감한 애가 될 테다. 하느님은 소곤소곤 나한테 얘기해 주신다.'

그러고는 허리를 쭈욱 펴면서 똥을 짤끔 눈 다음 뒷걸음질로 굉장히 빠르게 달려나갔다.[49] 언니 가재가 떠난 후 홀로서기를 해야 하는 동생 가재 곁에는 아무도 없는 것 같았다. 물론 큰 구멍집에 사는 이웃인 할머니 가재가 있었지만, 가족이 아니었기에 아직 어린 동생 가재를 돕는 데는 한계가 있었다. 할머니 가재는 동생 가재에게 '모든 것을 아시는 하나님, 밤에도 자거나 졸지 않고 지켜보시는 하나님'이 계심을 가르쳐 주었다. 동생 가재에게 하나님은 막연하게 느껴질 수밖에 없었다. 그럼에도 불구하고 동생 가재는 밤새도록 울부짖으며 하나님을 불렀다. 그러나 하나님은 동생 가재에게 어떤 말씀도 들려주지 않으셨다. 외로움과 두려움 속에서 처절하게 하나님을 찾았음에도 불구하고 하나님은 말 없이 지켜보셨다.

여기서 동생 가재는 하나님의 부재(不在)를 말하지 않고 하나님의 침묵하심을 말하였다. '침묵하신 하나님.' 곧 '귀를 꼭 막고 내 말을 안 들어주신 하나님', '한눈팔고 계셨던 하나님'은 동생 가재에게 '늑대보다 더 나쁜 하나님'이었다. 살아계신 하나님이지만 나에게 무관심한 하나님으로 이해한 것이다. 이때 할머니 가재는 하나님께서 침묵하신 이유를 말해주었다. 동생 가재의 부르짖음에 응답해 주고 싶지만, 동생 가재가 누구의 도움도 받지 않고 홀로서기에 성공한 용감한 가재가 되기를 바라면서 하나님께서 침묵을 지키셨음을 말한 것이다. 할머니 가재의 말은 동생 가재에게 상투적으로 받아들여지지 않았다. 할머니 가재가 동생 가재에게 말해준 하나님 이야기는 막연한 지식이 아닌, 평생 살아오면서 경험한 하나님 이야기이기 때문이었다.

할머니 가재의 말을 듣고 동생 가재는 하나님께서 자신을 지켜보고 계심을 확신하게 되었다. 하나님은 자신에게 소곤소곤 말씀해 주시면서 용감하게 홀로 서도록 인도해 주신다고 말이다. 이제 동생 가재는 인격적인 하나님을 믿을 수 있게 되었다.

이 작품에서 권정생이 말한 '침묵하시는 하나님'은 그의 작품 『하느님의 눈물』에서 돌이 토끼에게 친히 음성을 들려주신 모습과 다르다. 『하느님의 눈물』에서 하나님은 돌이 토끼가 "하느님, 하느님은 무얼 먹고 사셔요?"라고 막연한 푸념을 던졌을 때조차 "보리수나무 이슬하고 바람 한 줌, 그리고 아침 햇빛 조금 마시고 살지"라고 하며 부드러운 음성을 들려주셨다.[50] 그러나 이 작품에서 하나님은 동생 가재의 처절한 울부짖음에도 침묵으로 일관하셨다. 권정생이 두 작품에 상반된 하나님의 모습을 언급한 이유가 무엇일까.

권정생은 그의 작품을 통해 자신이 경험한 하나님을 언급하였다고 본다. 즉 침묵하시는 하나님은 물론, 말씀하시는 하나님 또한 권정생이 체험한 하나님이다. 『하느님의 눈물』에 나오는 돌이 토끼가 자신의 생존을 위해 자신보다 약한 생명을 해하는 것을 망설이고 오히려 자신이 희생하기를 원했던 것처럼 권정생 또한 약한 생물, 세상의 버려진 것들에 대하여 애정을 가지고 살았다. 그의 작품에서 강아지 똥, 시궁창에 버려진 똘배 등이 인격을 가지고 등장할 뿐만 아니라 나병 환자, 앉아서 생활하는 사람 등 신체적 약자들이 오히려 보통 사람들이 본받아야 하는 아름다운 인격의 소유자로 언급되는 이유가 여기에 있다. 사실 권정생 자신이 강아지 똥이었고, 시궁창에 버려진 똘배였고, 평생 질고를 지고 사는 신체적 약자였다. 이현주가 '작가는 한 번쯤 제 모습을 그리기 마련이다'[51]라고 한 것처럼 권정생은 그의 작품에 등장하는 소재들을 통해 자신의 모습을 투영하였다.

이처럼 지극히 약한 자의 모습이었을 때 그는 하나님의 음성을 들었다. 『산버들나무 밑 가재 형제』에서 동생 가재가 "하느님은 소곤소곤 나에게 얘기해 주신다"라고 말한 것처럼 권정생은 그의 마음에 소곤소곤 말씀하시는 하나님의 음성을 들었다. 그가 들은 하나님의 음성은 고요하지만 강렬하게 독자들의 마음에 다가온다. 그의 작품 『강아지 똥』에서 그는 "하나님은 쓸데없는 물건은 하나도 만들지 않으셨어. 너도 꼭 무엇엔가 귀하게 쓰일 거야"라고 하는 하나님의 음성을 언급하였다. 그의 작품 『하느님의 눈물』에서 그는 "하지만, 내가 이렇게 애타게 기다리는데도 사람들은 기를 써 가면서 남을 해치고 있구나"라고 하는 하나님의 음성을 언급하였다. 소곤소곤 말씀하신 하나님의 음성, 세미하지만 강렬하게 와닿는 음성이다.

그렇지만 그는 하나님의 침묵을 경험하기도 하였다. 젊은 시절 겨울에 예배당에서 밤새 부르짖으며 하나님께 기도할 때도 하나님의 음성을 들을 수 없었다.

> 나는 집 나간 동생과 부모님께 도저히 그 이상 고생을 시켜드릴 수 없어 차라리 죽어 버리길 바라고 기도했다. 밤마다 교회당에 가서 밤을 지새우며 하느님께 나의 고통을 눈물로 부르짖었다. 아마 구약성경에 나오는 욥의 모습만큼 참담했을 것이다.[52]

날마다 밤새워 부르짖어 기도했지만 아무것도 해결되지 않았다. 오히려 건강은 더욱 나빠졌고 궁핍한 삶 또한 지속되었다. 권정생이 『강아지 똥』을 발표함으로써 동화작가로 이름을 알리기 시작한 후에도 오랫동안 그는 궁핍한 생활을 벗어나지 못했다. 이처럼 궁핍한 삶을 이어 가는 가운데 그는 동화작가로서 하나님의 세미한 음성을 들은 것이다.

소곤소곤 말씀하시는 하나님의 음성을 작품에 담음으로 그는 '진리에 가장 가까운 정신'[53]을 독자들이 접하도록 돕고 있다. 작가로서 명성을 얻고 풍족한 생활을 영위할 수 있게 된 후에도 권정생은 자발적인 가난을 택했고 세상의 가난한 사람들의 넉넉함을 위한 삶을 살았다. 권정생이 들은 하나님의 세미한 음성은 '세상에 존재하는 모든 것들에 하나님의 섭리가 있다'는 것과 '하나님께서는 세상 사람들이 서로를 해치지 않고 평화롭게 살아가기를 원하신다'는 것이다.

그리스도인들은 하나님의 음성을 듣기 원한다. 때로는 처절하게 부르짖으며 하나님의 음성을 듣기 원한다. 소설가 박완서가 자동차 사고로 외아들을 잃은 후 〈한 말씀만 하소서〉[54]라고 한 것은 비단 박완서 한 사람이 아닌 보편적인 그리스도인의 부르짖음이다. "한 말씀만 하소서"라고 하며 하나님의 음성을 듣기 원하는 이유가 무엇일까. 대부분 자신의 실존에서 직면한 어려움을 해결하고 싶기 때문일 것이다. 애절한 심정을 담아 부르짖음에도 불구하고 하나님의 음성이 들리지 않을 때가 적지 않다. 이 작품에서 동생 가재가 밤새 고독과 두려움 속에서 하나님을 부르는 모습은 바로 하나님을 향해 "한 말씀만 하소서"라고 부르짖는 그리스도인의 모습이다.

때로 암담해 보이는 현실 속에서 그리스도인은 하나님의 음성을 들려 달라고 부르짖는다. 그러나 하나님의 음성은 들리지 않는다. 성경을 통해 하나님의 음성을 듣기 원하지만 때로는 성경 말씀조차 마음에 와닿지 않아 고민에 빠진다. 동생 가재의 부르짖음을 다시 한번 들어 보자.

"하느님!"

"왜 대답이 없으셔요?"

"대답하기 싫드래도 들어 주셔요."

"대답 않으셔요?"

"자꾸 가만 계시면 내가 울 거예요."

"하느님! 무섭다아!"[55]

하나님의 음성이 들리지 않을 때 우리도 원망하고 어린아이처럼 울기
도 한다.

"하느님! 무섭다아!"

동생 가재의 표현처럼 나의 기도에 '귀를 꼭 막고 내 말을 안 들으시는
하나님'은 '늑대보다 더 나쁜 하나님'으로 생각되기도 한다. 이것이 그리
스도인의 솔직한 모습이다. 그렇지만 권정생은 할머니 가재를 통해 이렇
게 말하고 있다.

"하느님은 틀림없이 네가 부르는 소리 듣고 계셨어."
"그런 게 아니라니까, 네가 겁쟁이가 되지 말고 용감한 애가 되라고 대답하고
　싶어도 가만히 계셨어. 하느님은 간신히 참고 계셨을 거야."
"정말로 하느님이 대답해 줬지만 네가 못 들었는지도 모른다. 하느님은 아주
　조용조용 이야기하시는 분이거든."[56]

구약성경에 나오는 선지자 엘리야 이야기는 우리에게 소곤소곤 말씀
하시는 하나님에 대하여 잘 말해주고 있다. 고대 이스라엘 왕국의 선지
자 엘리야는 왕후 이세벨로부터 '목숨을 빼앗겠다'라는 위협을 듣고 하
루아침에 도망자 신세가 되었다. 그는 갈멜산에서 바알 선지자들을 상대
로 극적인 승리를 거두었지만, 그 감격은 오래가지 않았다. 그의 목숨을
빼앗겠다는 왕후 이세벨의 전언을 듣고 광야로 도망간 뒤 로뎀나무 아래
에 누워 하나님께 '목숨을 거둬 주시기를' 소망하였다. 이때 엘리야는 하
나님께서 다시 한번 극적인 승리를 보여주실 것을 원했는지도 모른다.

그러나 하나님은 그에게 세미한 음성으로 응답하셨다(왕상 19:12). 목숨을 위협 받는 그에게 필요한 것은 극적인 반전이었지만 하나님은 세미한 음성을 들려주시고 그가 해야 할 일들을 말씀하셨다.

오늘날 그리스도인 또한 자신이 처한 실존적인 어려움 속에서 극적인 하나님의 음성을 듣기 원한다. 혹은 세미한 하나님의 음성, 소곤소곤 말씀하시는 하나님의 음성이라도 듣기 원하지만, 그마저 들리지 않아 낙심한다. 이때 할머니 가재의 말을 기억해야 하지 않을까.

아니다. 하느님은 어젯밤 틀림없이 네가 부르는 소리를 듣고 계셨어. 정말로 하느님이 대답해 줬지만 네가 못 들었는지도 모른다. 하느님은 아주 조용조용 이야기하시는 분이거든.[57]

하나님은 침묵 속에서 동생 가재를 지켜보셨다. "쪼꼬만 가재야, 참고 살아라. 이 세상에서 제일 용감한 애가 되어라"라고 소곤소곤 말씀하시면서 말이다. 엘리야가 이세벨 왕후를 피해 광야로 피하여 로뎀나무 아래에 누웠을 때, 하나님께서는 엘리야를 지켜보시며 먹을 음식과 마실 물을 공급해 주셨다. 그리고 세미한 음성으로 그가 장차 해야 할 일을 말씀하셨다.

오늘날 그리스도인들에게 하나님은 소곤소곤 말씀하신다. 절대 침묵하지 않으신다. 간절히 하나님을 부를 때 듣고 계신다. 돕는 손길을 통해 먹을 음식과 마실 물을 공급해 주신다. 그리고 장차 해야 할 일, 가야 할 길을 소곤소곤 말씀해 주신다. 권정생의 삶은 우리에게 그것을 말하고 있다. 이 작품에서 동생 가재가 힘차게 말한 것처럼 그리스도인들도 자신 있게 말할 수 있는 이유가 여기 있다.

난 이 세상에서 가장 용감한 가재가 될 테다. 하느님은 나에게 소곤소곤 얘기
해 주신다.

동생 가재가 이 말을 한 후 '굉장히 빠르게 달리기를 한' 것처럼 그리스
도인들도 다시금 힘차게 나아갈 수 있는 이유가 여기에 있다.

두봉 주교가 선물한 펌프 앞에서

그리스도께서 우리에게 자유를 주시려고

한국교회를 향한 권정생의 말은 달콤하게만 들리지 않는다. 그런데도 그리스도인이라면 그의 말에 동의하며 올바른 삶을 고민하게 된다. 그 이유가 무엇일까. 이대근의 말을 들어 보자.

권정생은 전사였다. 그는 살아 숨 쉬는 동안 생활이라는 최전선에서 그가 보고 듣고 알고 겪은 모든 모순과 부딪치며 하루도 쉬지 않고 싸웠다. …… 물질이 한정된 세상에서 몇 사람이 풍요롭게 살기 위해 나머지는 가난하고 고통스럽게 사는 현실을 받아들일 수 없었다. …… 반공주의와 국가주의의 서슬이 퍼렇던 1985년에는 『초가집이 있던 마을』을 썼다. 아버지는 월북하고, 남은 복식이는 동족을 살상하는 무기를 들 수 없다며 징집을 거부하는, 양심적 병역 거부가 주제다. …… 그는 탐욕과 죽음의 공포로 가득한 이 세상의 전복을 꿈꿨다. …… 욕망의 체계인 자본주의의 한가운데서 그는 무욕, 절제, 가난을 무기로 정면 대결했다. …… 가난하고 늙고 병든 아동문학가는 이 사회에서 전혀 위험하지 않다고 생각하면 잘못이다.[58]

이대근의 언급에 한국교회의 현실을 반성해 본다면 이렇게 적용해 볼 수 있지 않을까. 물질이 한정된 세상에서 한국교회는 올바른 나눔을 위해 노력하고 있는가. 한국교회는 그동안 국가주의와 반공주의에 충실한 모습을 형성해 오지 않았는가. 지금 한국교회는 과연 국가주의와 반공주의를 성경의 가치와 혼동하고 있지 않은가. 욕망의 체계인 자본주의의 한가운데서 한국교회는 자본주의 또한 성경의 가치로 생각하고 있지 않은가. 무욕, 절제, 가난이 자본주의보다 오히려 성경의 가치에 가까움을 말한다면 과연 그리스도를 따르려는 사람이 얼마나 될까. 권정생은 '가난하고 늙고 병든 아동문학가'였다. 그럼에도 불구하고 한국교회가 권정생의 꾸짖음을 달게 들을 수 있는 이유가 바로 여기에 있다. 일찍이 사도 바울이 '내가 너희에게 권하노니 너희는 나를 본받는 자가 되라'(고전 4:16)고 한 것처럼 말이다.

권정생의 유년 동화 작품 『아기 산토끼』를 읽으면서 마음이 쓰려 옴을 느낄 수밖에 없었다. 이 작품에는 한국교회의 성경적 가치 실천을 외면하는 모습에 대한 비판이 담겨 있기 때문이다. '유년 동화에 이렇듯 한국교회를 꾸짖는 언급을 하다니….' 이런 생각을 하며 나는 '과연 이 작품을 읽고 어린이들이 교회를 부정적으로 생각하게 되지 않을까.' 고민할 수밖에 없었다. 이 작품이 한국교회를 향한 권정생의 꾸짖음이 담긴 작품이라고 받아들일 수밖에 없었기 때문이다. 복음으로 '자유'를 전하는 교회가 '자유를 빼앗긴 이들을 외면하는 측면이 있음'을 말하기 때문이다. 아기 산토끼의 순수한 시각을 통해서 말이다. 먼저 권정생의 유년 동화 『아기 산토끼』의 줄거리를 살펴보도록 하자.

어느 날 아기 산토끼가 개울에 물을 먹으러 갔다가 다람쥐를 만나 이러한 이야기를 들었다.

"얘야, 토끼야. 마을에 내려가면 네 친척 되는 애들이 상자 속에 갇히어 살고 있단다."

"우리 친척 되는 애들이?"

"그래, 새하얀 토끼래. 눈은 빨갛고, 그리고 마을에 집들이 많고 예배당에선
종을 치고, 밤이면 촛불을 켜 놓고 예배를 드린대."[59]

다람쥐의 이야기를 들은 아기 산토끼는 갑자기 마을에 내려가 보고 싶
었다. 자신의 친척 되는 토끼들이 궁금하고 마을 사람들의 집과 예배당
도 보고 싶기 때문이었다. 날씨가 풀리면 한 번 꼭 찾아가기로 마음먹은
아기 산토끼는 그로부터 스무 날이 지난 후 예쁘게 단장하고 조심스럽게
마을을 찾아갔다.[60]

다람쥐가 가르쳐 준 예배당 종각이 높다랗게 보이는 마을을 찾느라 돌
담집을 살짝 지나고, 감나무 집을 지나고, 우물 모퉁이를 돌아 아기 산토
끼는 수수깡 울타리가 바삭거리는 작은 집에 들어가서 자신을 닮은 토끼
를 찾으려고 두리번거렸다. 그런데 정말 담 밑 철사 그물을 쳐 놓은 네모
난 토끼장에 갇혀 있는 눈처럼 하얀 토끼가 보였다.[61] 아기 산토끼는 반
가운 마음으로 그쪽으로 달려갔다. 그 토끼는 '하얀 털이 곱고, 빨간 눈
이 예쁜' 자신과 꼭 닮은 토끼였다.[62] 아기 산토끼와 철창에 갇힌 토끼는
이렇게 이야기를 나누었다.

"어머나! 아주머니!"

"아주머니라니? 나한테 아주머니라 했니?"

"네 우린 친척이잖아요. 아주머니, 산에 가고 싶지 않으세요?"

"가고 싶어도 못 간다."

"달아나면 되잖아요."

"아냐, 달아나면 나빠요. 그런 소리 자꾸 하지 말고 그만 돌아가요."[63]

현실을 알지 못한 채 아기 산토끼는 "산에 가고 싶지 않으세요? 달아나면 되잖아요"라고 말하지만, 철창에 갇힌 토끼로서는 아기 산토끼가자신처럼 갇힌 몸이 되지 않도록 하기 위해 "그런 소리 자꾸 하지 말고그만 돌아가요"라고 말하며 고개를 돌리고 '눈물을 훔치는 것' 말고는 아무것도 할 수 없었다.[64]

아기 산토끼는 안타까운 마음으로 돌아서서 언덕 위에 있는 예배당으로 달려갔다. 그러고는 찔레나무 덩굴 속에 숨어서 밤이 오기를 기다렸다.[65] 밤이 되니, 사람들이 사는 집 창문마다 불빛이 새어 나오고, 예배시간을 알리는 종소리가 울려 퍼졌다. 아기 산토끼는 발돋움을 하고 예배당 안을 갸웃이 들여다보았다. 맞은편 벽에는 마리아의 품에 안긴 예수님 그림이 보이고 찬송가를 부르는 소리와 말씀을 전하는 목사님의 음성이 흘러나왔다.[66]

아기 산토끼는 예배를 마칠 때까지 기다렸다가 서글픔을 느끼며 밤길을 걸어서 산으로 돌아갔다. '아기 예수님 모습과 철창 속에 갇힌 하얀 토끼의 모습'을 떠올리며 씁쓸한 마음을 금할 수 없었기 때문이었다.[67] 다람쥐가 말한 대로 철창 속에 갇혀 사는 하얀 토끼들을 보았을 뿐만 아니라, 그 토끼들을 가둔 사람들이 예배당에서 찬송가를 부르고 목사님의설교를 듣는 모습은 아기 산토끼가 볼 때 무척 어색한 것이었다.

불현듯 초등학교 시절 실과(實科) 교과서 내용이 생각난다. 그것은 토끼를 사육할 때 토끼장을 최대한 작게 만들라는 것이었다. 그렇게 하는목적은 토끼의 운동량을 최대한 제한하여 고기를 많이 얻을 수 있도록하는 데 있었다. 나는 그것을 읽고 당시 토끼장이 한 마리 토끼가 몸을 겨우 넣을 만큼 작은 이유를 알 수 있었다. 당시 비좁은 토끼장에서 먹이만 받아먹는 토끼들을 볼 때마다 안타까운 마음이 들곤 했다. '인간의 이익을 위해서라면 다른 동물의 고통에 묵인해도 된다'라는 의미로 받아들여졌기 때문이었다. 이른바 동물복지에 대한 문제의식이 생겨난 것도 최근의 일이니, 당시 비좁은 공간에 토끼를 가두고 문제의식을 느낀 이들이 많지 않았을 것이다.

당시에는 이렇듯 비좁은 토끼장으로 상징되는 실용적 가치가 보편화되었던 것으로 기억한다. 그러한 가치는 공교육에도 시행되었다. 교육의 목적은 이른바 강자가 되는 것이었다. 우수한 성적을 거두어서 명문대학을 졸업하고 사회 지도층이나 부자가 되는 것이었다. 공부를 열심히 해야 하지만, 공부를 열심히 해야 하는 윤리적 가치는 배우기 어려웠다. 명문대학에 진학하고 대기업에 취직함으로써 다른 사람의 통제를 받는 위치가 아닌 다른 사람을 통제하는 위치에 서는 것이 당시 교육의 목적이었다.

당시 교회라고 해서 이런 교육관으로부터 예외였을까. 그렇지 않았다고 본다. 학업 우수한 학생은 교회에서도 더욱 인정받았던 것으로 기억한다. 공부 잘해서 명문대학교를 졸업한 후 사회의 주류가 되는 것이 하나님께 영광을 돌리는 것이라고 생각하였음을 부인할 수 없다. 교회를 포함한 한국 사회 전체가 학업 성적을 최고의 가치로 삼았고 무한 경쟁에서 승리하는 인재를 양성하는 것을 교육의 실제적인 목적으로 두었다 해도 과언이 아니었다. 이런 측면에서 예전은 물론 지금도 교회라고 세상과 차이가 있을까. 이렇듯 교회에서조차 학업에서 우수한 성적을 거두고 명문대학 입학을 목적으로 하는 교육을 강조하는 현실에 대하여 권정생은 이렇게 비판하였다.

아무리 선의의 경쟁이라지만 경쟁은 곧 싸움이다. 내가 붙으면 다른 하나는 떨어진다. 그래서 입시지옥이라 하지 않는가. 붙으면 천국이고 떨어지면 지옥이다. 내 자식을 천국에 보내기 위해 남의 자식을 지옥으로 떨어뜨리는 이 비정한 현실에서는 성직자도 지식인도 모두 악마가 되어야 한다.[68]

권정생의 꾸짖음을 생각하며 이 작품의 줄거리를 계속 살펴보도록 하자.

아기 산토끼는 철창에 갇힌 하얀 토끼를 보고 마을의 교회로 달려갔다. 아마도 철창에 갇혀 있는 토끼를 구할 수 있을 것이라는 희망을 걸었던 것이 아닐까. 그러나 예배가 시작된 후 예배당 안을 살펴본 아기 산토끼는 실망하고 말았다. 하얀 토끼를 철창에 가둔 사람들이 찬송가를 부르고 목사님의 설교를 듣는 장면을 본 것이다. 교회 벽에 걸린 '아기 예수님' 그림은 현실과 유리된 신앙적 이상으로 보였던 것이다.

역사를 볼 때 복음이 전파되는 곳에는 늘 자유가 선포됨으로써 해방이 일어났음을 알 수 있다. 구한말 한반도의 여성 해방이 대표적인 예이다. 일찍이 1926년 평양신학교 교수였던 미국인 선교사 사우업(C. E. Sharp)은 "예수의 복음이 들어가는 곳마다 여성의 지위가 향상되었다"라고 말하였다. 그의 이야기를 들어 보자.

예수의 복음이 들어가는 곳마다 사람들이 그 뜻을 깨달아 알고 여자의 지위를 이전보다 높게 대접하였으니, 이것은 하나님의 말씀이 퍼지는 결과 가운데 한 가지 큰 결과가 되는 것이니라.[69]

사우업은 가정에서 부부의 평등을 성경의 가치로 보았다. 남성이 여성을 차별하는 것은 성경에서 말하는 죄라고 본 것이다. 이러한 주장은 당시 선교사들의 보편적인 주장이기도 하였다. 그의 이야기를 들어 보자.

이 세대에 한 가지 큰 죄는 나에게 유익 받기만 생각하고 자기의 맡은 책임을 생각하지 아니하며 돌아보지 아니하는 죄라. 그 죄로 인하여 온 세상이 다 망하여 가는 모양과 같은지라. 부부간에도 서로 이 죄를 범하기 쉬울지니라. 남자가 여자에게 유익 받기를 생각하지 말고 아내를 대하여 맡은 바 책임을 먼저 생각할지니라. 또한 아내 된 여자도 그와 같이 행할 것이면 집집마다 그 가정은 천당과 같을지니….[70]

이러한 견해는 한국교회 지도자들에게서도 발견되었다. 1934년 당시 함경북도 성진중앙교회 담임목사였던 김춘배가 1934년 8월 「기독신보」에 '여자는 조용하여라. 여자는 가르치지 말라고 한 것은 2천 년 전의 한 지방교회의 교훈과 풍습이요 만고불변의 진리가 아니라'[71]는 요지의 글을 게재한 것이다. 그러나 당시 한국 장로교단 총회 연구위원회는 다음과 같이 주장하며 김춘배를 '목사로서 모든 교회의 직무로부터 해임한다'라는 결정을 내렸다.

사도 바울이 고린도전서와 디모데전서에 여자의 교회 교권을 불허한 말씀은 2천 년 전의 한 지방교회의 교훈과 풍속을 의미하는 것이 아니라 만고불변의 진리이외다.[72]

물론 당시 여권에 대한 진보적 견해를 주장하는 한국교회 지도자들이 없었던 것은 아니다. 그러나 당시 한국 사회의 주류에 진입한 한국교회

가운데 다수는 여성에 대한 보수적 인식을 성문화하였다. 이는 구한말과 다른 것이었다. 선교사들이 한반도에 처음 발을 디뎠을 때 조선사회의 여권의식은 형편없었다. 남성으로부터 자행되는 빈번한 구타, 이른바 과부 보쌈으로 알려진 납치, 인신매매, 고된 노동(가사 및 농사), 남자에게 종속된, 배우지 못함에 따른 지식 없음 등으로 미신에 억눌린 모습이 바로 선교사들의 눈에 띈 구한말 여성들의 모습이었다.[73]

이처럼 한반도에서 여성에 대한 학대가 묵인될 수 있었던 근본적인 이유는 당시 한반도가 유교 이데올로기에 장악되어 있기 때문이었다. 본래 유교 이념은 인(仁)과 덕(德)으로 백성을 다스린다는 근본 목적이 있었지만, 시간이 지남에 따라 지배층의 지배 이론을 뒷받침해 주기 위해 수직적 질서와 신분과 성별 그리고 나이 구분을 정당화하였다. 이러한 상황에서 여성들은 피지배 계층 속에서도 피지배 계층으로 전락할 수밖에 없었다.[74]

이러한 상황에서 복음을 전하는 선교사들의 문제의식과 한반도의 개혁을 갈망하는 개혁 인사들의 이해관계가 성립하여 한반도의 여권의식이 놀라울 만큼 성장할 수 있었다. 앞서 김춘배 목사가 1934년 「기독신보」에 한국교회의 여권 문제에 대한 글을 올렸을 무렵 구한말과는 비교되지 않을 만큼 한국 사회의 여권이 상승한 상황이었다. 하지만 당시 한국교회는 여권에 대한 보수적 견해를 성문화하였다. 이는 유교적 계율주의로 그리스도께서 주신 자유를 대신한 것이다. 구한말 서양인 선교사들에 의해 전해진 기독교가 한반도의 비참했던 여성들의 삶에 다가온 한 줄기 빛이었지만, 오늘날 교회가 젠더(Gender) 문제에서 가장 보수적인 집단으로 여겨지기까지 하는 이유가 여기에 있다.

나는 한국교회가 자유를 억압함에 방관하는 자세를 취한 또 다른 사회 문제로 "강경한 반공주의로 인한 군사정부에 대한 암묵적 지지"를 언급하고 싶다. 사실 기독교와 공산주의는 양립할 수 없다. 공산주의가 무신론적 유물론을 기반한 이념이기 때문이다. 그러나 자본주의 또한 무신론적 유물론인 것은 마찬가지이다. 그런데 한국교회는 공산주의는 강경하게 배격하였지만, 자본주의에 대하여는 그렇지 않았음을 부인할 수 없다. 한국교회의 신학자이면서 목사인 김재준은 "공산주의가 무신론적 사상이지만 자본주의 또한 무신론적 사상이며 그러한 측면에서 볼 때 한국교회 구성원 가운데 많은 수가 무신론자이다."라고 질타하였다.[75] 앞서 언급한 것처럼 권정생이 "욕망의 체계인 자본주의"를 비판하고 저항한 것은 이러한 측면에서 볼 수 있다.

널리 알려진 것처럼 1970-80년대에는 반공주의를 빌미로 많은 사람이 투옥되었다. 이는 군사 독재를 비판하기 때문이었다. 1976년 3월 1일 민주구국선언에 참여하여 투옥된 인사들 가운데는 기독교계 인사들도 많았다. 이들이 무신론적 공산주의를 배격하였음은 물론이다. 김재준이 말한 것처럼 1950년 한국전쟁 이후 남한 국민으로서 반공의식이 없는 사람은 거의 없었다.[76] 그러므로 문제 되는 것은 반공주의 자체가 아니라 권력자들이 반공을 만능 호신부 삼아 정부의 실정을 비판하는 것을 반공법으로 처리하였다는 사실에 있다.[77] 1970-80년대 많은 사람이 투옥되었을 때 많은 한국교회는 적극적인 관심을 가지지 않았다. 반공을 국시로 한다는 지도자를 "한국교회의 수호자"로 생각하면서 암묵적인 지지를 보냈기 때문이었다.[78] 이는 물론 한국전쟁을 통해 많은 이들이 경험한 공산주의자들에 대한 트라우마 때문이기도 하였지만, 군사정권이 반공의식이 강한 한국교회를 지원하기 때문이기도 하였다.

지금까지 언급한 약육강식의 교육제도, 보수적인 여권의식 그리고 이데올로기에 의한 인권 억압은 복음을 대신하여 복음의 이름으로 한국교회에 팽배했던 대표적인 요소이다. 그리스도의 복음은 자유의 복음이다. 그런데 인간이 만든 관습이, 이데올로기가, 탐심에 근거한 제도들이 복음을 대신하여 인간의 자유를 제한하고 억압하는 것은 아닐지 이 작품을 통해 생각해 볼 수 있다. 교회는 희망의 보루가 되어야 한다. 그것은 복음의 자유를 누림으로 가능하다. 복음의 이름으로 인간의 자유를 제한하고 억압하는 관습과 제도, 이데올로기가 없는지 고민해야 하는 이유가 여기에 있다. 아기 토끼와 철장에 갇힌 토끼가 나눈 대화가 잊히지 않는 이유는 무엇일까.

"아주머니 산에 가고 싶지 않으세요?"

"가고 싶어도 못 간단다."

"달아나면 되잖아요."

"아냐, 달아나면 나빠요. 그런 소리 자꾸 하지 말고 그만 돌아가요."

저희가 하나 되게 하옵소서

어느 날 참새 무리와 굴뚝새 무리가 편을 나누어 다투고 있었다. 참새들은 굴뚝새들에게 "빌어먹고 사는 거지들아…"라고 비난하고, 굴뚝새들은 참새들을 향해 "훔쳐 먹고 쫓겨만 다니는 도둑놈들아…"라고 비난하였다. 굴뚝새들과 참새들의 서로에 대한 비난은 계속되었다. "거지들아….", "도둑놈들아….", "찍찍…" "째짤째짤째짤째짤…."[79] 어찌나 싸움이 격했는지 해 질 녘 찬바람조차 차갑게 느낄 여유 없이 굴뚝새들과 참새들은 쫓고 쫓기는 가운데 서로에 대한 비난을 멈추지 않았다.[80]

이들의 싸움은 포수의 등장으로 멈출 수밖에 없었다. 갑자기 어디선가 "탕! 탕…!" 총소리가 들린 것이다. 가슴이 철렁함을 느낀 굴뚝새들과 참새들은 공포에 사로잡혀 앞을 다투어 그 자리를 벗어났다. 해 질 녘 악을 쓰며 싸우던 새들이 사라지고 총을 쏜 포수마저 어디론가 사라진 냇가 풀밭에는 작은 굴뚝새 한 마리와 참새 한 마리가 남아 있었다. 총알에 날개가 스친 굴뚝새와 그것을 걱정하는 참새였다.

"굴뚝새야, 얼마나 아프겠니?"

"괜찮아, 요렇게 한쪽 날개깃을 살짝 스치고만 갔단다. 난, 그냥 놀라기만 했어."

"난 네가 날아가다가 갑자기 떨어져 내리는 바람에 정말 놀랐어."

"미안해. 아까 총알이 스치고 가는 바람에 그만 정신을 잃었던가 봐."[81]

정신없이 서로를 비난하던 어른 새들은 어디론가 사라지고 가장 어린 굴뚝새와 참새가 서로를 위로하며 보듬어 주었다. 굴뚝새는 자기를 걱정해 주고 보드라운 날개로 상처 난 날개를 쓰다듬어 주기까지 하는 참새가 너무나 고마웠다. 둘은 해가 진 후에도 서로 꼭 잡고 헤어질 줄 몰랐다.[82]

"아까 거지라고 놀려 준 것 용서해 주겠니?"
"응, 나도 도둑놈이라 한 것 용서해 줘."
"그래, 용서할게. 오늘은 우리 집에 가서 함께 자, 응? 굉장히 따뜻한 둥지야."
"고마워, 참새야."

굴뚝새와 참새가 함께 참새네 둥지로 날아가는 것으로 짧은 동화는 종결된다.[83] 이 동화에서 참새 무리와 굴뚝새 무리의 다툼은 어른으로부터 시작되었다. 어린 새들은 왜 다투는지 알지 못한 채 어른들의 다툼에 휘말려 서로를 비난하였다. 갑자기 포수가 쏜 총소리에 놀란 어른 새들이 허겁지겁 자리를 피하자 그곳에는 아기 새 두 마리만 남았고 이들의 화해로 이 짧은 동화가 종결되는 것이다.

권정생이 이 동화에서 말하려는 것은 무엇이었을까. 첫째, 다툼은 서로 다름을 인정하지 않음에서 일어나는 경우가 많다는 것이 아닐까. 굴뚝새는 먹이를 구하기 힘든 겨울에 사람들이 농사지은 곡식을 먹고 사는 참새를 '도둑놈들'이라고 비난하였고 참새들은 깃털이 검갈색이라서 외모가 깨끗해 보이지 않을 뿐만 아니라, 거미나 파리 등 벌레를 먹고 사는 굴뚝새를 '거지들'이라고 비난하였다. 이렇듯 서로의 다름을 인정하지 않음에서 일어난 다툼은 무리와 무리 간 다툼으로 발전하였고, 그 와중에 아기 새들까지 어른들의 다툼에 휘말린 것이다.

둘째, 다툼으로부터의 화해는 동심의 회복으로 가능함을 말하려고 한 것이 아니었을까. 십여 년 전, TV에서 본 광고가 잊히지 않는다. 두 소년이 다정하게 놀고 있었다. 놀이터에서, 학교 운동장에서 즐겁게 뛰어노는 두 소년은 겉으로 볼 때 다르지 않은 평범한 소년이었다. 그런데 각자의 집으로 돌아가자 한 소년의 부모가 그를 꾸짖으면서 이렇게 말하였다. "다시는 그 애와 놀지 마. 그 애는 집시야." 어린이들 간에는 서로의 차이가 아무런 문제가 되지 않지만, 어른들은 서로의 다름을 받아들이지 않음을 가르쳐 주기에 충분한 광고였다.

어린이들은 다름을 문제 삼지 않는다. 다름을 문제 삼는 것은 어른이다. 그러한 사실은 그의 단편 소년 소설 『바닷가 아이들』에도 잘 나타나 있다. 아버지가 만들어 준 배를 몰다가 황해도 해안에서 경기도 작은 섬으로 밀려온 태진이와 경기도의 작은 섬에 사는 동수는 키와 나이가 비슷하고 생각도 잘 통하는 친구이지만, 어른의 시각에서 볼 때 태진이는 동수가 당국에 신고해야 하는 대상이었다. 북한에서 온 사람들은 모두 간첩으로 여겨졌기 때문이다.[84] 하지만 동수는 태진에게 음식을 갖다 주며 집으로 갈 수 있도록 도와주었다. 동수는 태진이를 친구로 여겼기 때문이었다. 태진이가 집으로 돌아가기 전, 두 소년의 대화를 들어 보자.

"태진이니!"
"동수야!"
"자, 이 밥부터 먹어."

"넌 저녁 먹었니?"

"그래."

"나중까지도 잊지 않고 이 은혜 갚을게."

"넌 나에게 아주 고맙게 베풀어주었어."

"우린 같은 단군 할아버지 자손인걸."

"그래, 그러니까 동수하고 나하고는 형제야."

"그만하고 어서 떠날 준비해야지."

"준비 다 됐어."

"언제 다시 만날 수 있을까?"

"통일이 되면 금방 달려올게."

"그래, 그때 다시 만나자."

"다시 만나서 함께 헤엄도 치고 고기도 잡고 그래."

"꼭 와야 해."

"응."

"미숫가루, 조금씩 조금씩 아껴 먹어야 한다. 물도 아끼고."

"그래, 고맙다, 동수."

"잘 가, 태진아!"

"잘 있어. 동수야!"[85]

태진이의 거룻배가 점점 바다 북쪽으로 멀어지고 마침내 망망한 바다에 파도 소리만 밀려오자 동수는 "하느님, 우리 태진이를 무사히 집으로 돌아가게 해주세요. 그리고 어서 속히 만나게 해주세요"라고 기도하며 태진이의 안전을 염원하였다.[86]

오래전 고린도 교회 성도들에게 던진 사도 바울의 꾸짖음을 생각해 보자.

> 내 형제들아 글로에의 집 편으로 너희에 대한 말이 내게 들리니 곧 너희 가운
> 데 분쟁이 있다는 것이라. 내가 이것을 말하거니와 너희가 각각 이르되 나는
> 바울에게, 나는 아볼로에게, 나는 게바에게, 나는 그리스도에게 속한 자라 한
> 다는 것이니 그리스도께서 어찌 나뉘었느냐. 바울이 너희를 위하여 십자가에
> 못 박혔으며 바울의 이름으로 너희가 세례를 받았느냐(고전 1:11-13).

사도 바울은 예수 그리스도가 아닌 다른 권위에 자신의 정체성을 말
하며 분열된 고린도 교회 성도들을 꾸짖었다. 오늘날 한국교회는 어떠
한가. 그리스도가 아닌 이념을 권위 삼아 나뉘지 않았는가. 서로 다른 이
념, 지역감정 등으로 갈라지고 있는 한국 사회를 하나 되도록 치유하지
못하고 분열의 기재로 작용하는 측면이 있지 않은가.

극단적인 반공주의에 함몰된 한국교회 일각에서는 여전히 북한에 대
한 증오의 감정에서 벗어나지 못하고 있다. '무신론적 공산주의와 기독
교는 양립할 수 없다'는 것이 그들의 주장이다. 그들로부터는 극단적인
극우 이데올로기 수호를 위한 증오의 언어들이 발견된다. 그렇다면 이렇
게 질문할 수도 있겠다. "기독교와 증오가 양립할 수 있는가?" 무신론적
공산주의와 기독교가 양립할 수 없다면 무신론적 자본주의와 기독교가
양립하고 있는 현실에서 과연 무어라고 말할 수 있을까.

'기독교와 무신론적 이데올로기가 양립할 수 없다'라는 주장도 타당하
다고 볼 수 없다. 한국교회는 무신론적 이데올로기와 병존하며 복음을
전하고 있기 때문이다. 과연 북한을 증오의 대상으로 보아야 할까. 만약
사도 바울이 그리스도의 복음이 아닌 특정 이데올로기에 함몰되어 증오

와 적대감을 표출하는 한국교회 일각을 본다면 고린도 교회 성도들에게 내린 꾸지람을 동일하게 하지 않을까.

예수께서는 유대인들이 증오하는 사마리아 땅 지나기를 마다하지 않으셨다. 그리고 사마리아 여인과 친히 대화를 나누셨다. 그뿐만 아니라 사마리아 사람들의 청을 듣고 이틀 동안 그들과 함께 묵으셨다(요 4:3-42). 이러한 측면에서 볼 때 한국교회 일각에서 북한을 주적(主敵)으로 여기고 특정 이데올로기를 복음으로 삼아 증오와 적대감이 횡행하도록 하는 것은 결코 성경에 부합하지 않은 것임을 알 수 있다. 서로 다르다는 이유로 반목하고 비난하는 것은 결코 성경에 근거한 것일 수 없다.

한국교회 그리스도인들은 다음 세대에 무엇을 남겨줄 것인가. 사랑하며 화평하는 그리스도의 복음을 남겨줄 것인가.

아버지여, 아버지께서 내 안에, 내가 아버지 안에 있는 것 같이 그들도 다 하나가 되어 우리 안에 있게 하사 세상으로 아버지께서 나를 보내신 것을 믿게 하옵소서. 내게 주신 영광을 내가 그들에게 주었사오니 이는 우리가 하나가 된 것 같이 그들도 하나가 되게 하려 함이니이다(요 17:21-22).

그 어디나 하늘나라

생전의 권정생은 내세의 복에 대한 언급을 많이 하지 않았다. 물론 그리스도인으로서 내세의 복을 믿지 않은 것은 아니지만, 그보다는 현실에서의 하나님 나라 확장에 관심을 두었기 때문이 아닐까 생각해 본다. 권정생은 그의 많은 작품에 '평화로운 하나님의 나라', '소망이 넘치는 하나님의 나라'에 대한 염원을 담았다. 그 가운데 하나가 단편 동화『똘배가 보고 온 달나라』이다.

이 작품의 주인공인 똘배는 개구쟁이 돌이가 한 입 먹고 시궁창에 버린 설익은 배이다. 악취 나는 시궁창에 떨어진 똘배에게 처음 들린 음성은 "넌, 이제 마지막이야"라고 말하는 실거머리의 음성이었다.[87] 실거머리는 계속해서 똘배에게 절망적인 말을 하였다.

> 여태까지 이 시궁창에 빠진 것 중에 다시 바깥으로 살아나간 건, 알록 구슬알 두 개하고, 옥이네 엄마 은가락지뿐이었어. 그밖의 것은 전부 들어와선 물컹물컹 썩어 버린 다음 끝장이 났단다. 내 눈으로 똑똑히 봤다니까.[88]

실거머리가 똘배의 곁을 떠나자 그곳에 있는 장구벌레들이 똘배를 유심히 바라보며 "어디서 꿀 냄새가 난다.", "아냐, 선녀님의 분 냄새야.", "진짜는 하늘 냄새야. 아니면, 산딸기 골짜기를 스치고 불어온 바람 냄새야"라고 하면서 감탄하였다. 칭찬을 듣고 얼굴이 발그레 달아오른 똘배의 등 뒤에서 가냘픈 신음이 들렸다. 그 소리는 돌이네 뒤꼍 또아리 감나무에 달렸던 땡감이었다. 땡감은 시궁창으로 떨어진 지 오래되었는지 온몸뚱이가 곪아 버려서 거의 죽게 된 모습이었다. 땡감 또한 똘배에게 절망적인 말을 하였다.[89]

넌, 이제 잊어버렸을 거야. 이런 꼴을 하고 있으니,
알아볼 수 없는 게 마땅해.

땡감은 계속해서 말하였다.

난 곧 죽게 됐단다. 아까 번에 실거머리가 얘기한 게 전부 옳은 말이야. 이 시궁창은 지옥이야. 세상의 끝이 이리로 모두 모였단다. 나도 한 보름 전에 돌이한테 던져져서 이리로 온 거야. 아아 숨차.[90]

땡감은 간신히 말을 맺은 후 죽음을 맞이하였다. 똘배는 자신도 땡감처럼 퉁퉁 곪았다가 죽을 것을 생각하면서 훌쩍훌쩍 울기 시작했다.[91] 그런데 밤이 되자 놀라운 일이 벌어졌다. 시궁창 안은 꽃밭처럼 수많은 별이 반짝반짝 눈부시게 수놓여 있었고, 낮에 보았던 더러운 자취는 마치 요술처럼 보이지 않았다. 똘배가 "내가 꿈을 꾸는 걸까?"라며 혼잣말을 하자 귀여운 아기별이 곁에서 방실 웃으면서 이렇게 말하였다. "아냐, 넌 똑똑히 눈을 뜨고 있어."[92] 똘배와 아기별의 이야기를 들어 보자.

"하지만 여기는 시궁창이잖니?"

"시궁창이니까 어떻다는 거니?"

"너무너무 더러운 곳인데, 이렇게 아름다운 별님들이 찾아온 게 이상하단다."

"더럽긴 무엇이 더럽니?"

"뭐야! 이제 보니까 날 놀리고 있구나."

"절대로 놀리는 게 아냐. **이런 시궁창도 가장 귀한 영혼이 스며 있는 세상의 한 귀퉁이란다.**"[93]

이 말을 하면서 아기별은 진흙으로 더러워진 똘배의 손을 꼭 잡아주었다. 그리고 조그만 날개 한 쌍을 달아주었다. 아기별과 똘배는 대화를 이어 갔다.

"친절은 고맙다만, 아까 번에 난 전부 듣고 보고 했는걸. 시궁창은 곪아 터져 죽어 버리는 지옥이야. 나도 여기서 통통 곪았다가 죽게 될 거야."

"이 세상에서 죽지 않는 데가 어디 있니? 괜히 울지 말고 나하고 오늘 밤 하늘 나라 구경이나 하자꾸나."

"공짜로 되니? 나 지금 돈이 없는걸."

"얘는, 조그만 애가 어른들 흉내만 내려 드는구나."

"아니야, 내가 보니까 골목길에서 노는 애들까지 모두 돈으로 따지던걸."

"그건 사람들이 꾸며서 하는 짓이지, 하늘나라엔 돈 같은 건 필요 없어."[94]

아기별이 똘배의 등을 살짝 밀자 둘은 어느새 하늘을 날고 있었다. 직녀와 견우가 만날 수 있도록 맑은 은하수 강물에 까치와 까마귀가 다리를 놓는 장면을 본 후 똘배와 아기별은 토끼들이 떡방아를 찧는 달나라로 떠났다. 계수나무 향기가 나는 달나라에서는 엄마 토끼, 누나 토끼들이 목화밭에서 버들 바구니를 낀 채 목화를 담고 아빠 토끼, 오빠 토끼들은 노란 이삭들이 휘어진 나락 논에서 햇벼를 거두느라 열심히 일하고 있었다. 초가집이 옹기종기 모여있는 마을 골목길에는 새빨간 까툴복숭아를 들고 아기 토끼들이 맛있게 먹고 있었다. 어떤 아기 토끼들은 술래잡기를 하며 뛰어놀고, 단풍이 든 밤나무 가지에 걸터앉아 노래를 부르고, 모래강변에서 두꺼비집을 지으며 놀았다. 똘배가 목격한 달나라 풍경은 지금까지 알던 '풀 한 포기 없이 돌맹이만 있는 곳'이 아니었다.[95] 똘배는 지금까지 자신이 알던 달나라에 대하여 아기별에게 질문하였고, 아기별은 똘배에게 친절히 대답해 주었다.

"아기별아, 그럼 아폴로 지구인들이 왔다 간 곳은 어디야?"

"왜, 너도 그런 곳을 꼭 보고 싶니?"

"응, 보고 싶다기보다 내 눈으로 똑똑히 봐야만 그들이 왔다 간 것을 바로 알 것 아냐?"

"그렇담, 지금이라도 네 한쪽 눈을 가려 봐."

"어느 쪽 눈을?"

"어느 쪽이라도 좋아. 한쪽은 안 보이도록 꼭 가려야 해."[96]

똘배가 한쪽 눈을 가리자 전혀 다른 놀라운 광경이 보였다. 계수나무 향기도, 목화밭도, 초가집 마을도, 아기 토끼들도 신기루처럼 사라지고 쓸쓸한 사막이 보였다. 무시무시한, 물 없는 웅덩이와 돌맹이 산이 보였다. 삭막한 모래 위에 지구인들의 신발 자국이 남아 있었고, 그들이 꽂아 놓고 간 깃발이 힘없이 서 있었다. 너무나 고요하고 쓸쓸한 광경에 똘배는 말을 잃었다.[97]

충격을 받은 똘배에게 아기별은 "다 봤거든 가린 눈을 떼어 봐"라고 하였다. 똘배가 눈을 가린 손을 떼자 조금 전의 아름다운 광경이 다시 보였다. 똘배는 자신이 본 두 가지 광경 중에 어떤 것이 진짜인지 혼란스러웠다. 아기별에게 "아기별아, 대체 어느 것이 진짜니?"라고 질문하자 아기별은 미소 지으며 "어느 것이 진짜 같으니? 어느 것이 진짜인지 네 마음대로 정하렴"이라고 대답한 후 똘배의 손을 잡고 서둘러 달나라를 떠났다. 곧 날이 밝아 오기 때문이었다.[98]

아기별과 똘배가 달나라를 떠나 은하수 강물에 도착해 보니 다리를 놓았던 까마귀와 까치들은 막 흩어져 돌아가고 있었고 견우 별과 직녀 별은 자신의 자리에 되돌아가 있었다. 그 장면을 보고 아기별과 똘배는 이야기를 이어 갔다.

"아기별아, 저 두 별님들을 언제나 한자리에 모여 살도록 할 수 없을까?"
"모여 살게 할 수도 있어. 그러나 그렇게 되면 얘기가 없어지잖니?"
"얘기가 없어지다니?"
"슬픈 일과 기쁜 일, 그런 아름다운 얘기가 영원히 사라져 버린다는 거야."
"슬픈 일이 어째 아름다울 수 있니?"
"만약 견우 별님과 직녀 별님이 함께 모여 살게 되면 저 은하수 강물은 필요 없
　게 되잖니? 그리고 우리는 행복한 그들을 어느새 잊어버리고 말 것 아냐."[99]

날이 밝아 오자 아기별은 똘배에게 안녕을 고하고 가물가물 사라졌다. 똘배는 어제 아기별이 달아준 한 쌍의 날개도 없는 모습으로 시궁창에 돌아와 있었다.[100] 장구벌레들이 똘배에게 다가와서 자기들끼리 떠들었다.

"아아, 꿀 냄새 봐."

"아냐, 선녀님의 분 냄새야."

"진짜는 하늘 냄새야. 아니면 산딸기 골짜기를 스치고 불어온 바람 냄새
야."[101]

똘배가 장구벌레들에게 "나한테서 그런 냄새가 난단 말이지?"라고 넌
지시 묻자, 장구벌레들은 "그래, 시궁창은 참 좋은 냄새로 가득 찼어"라고
대답한 후 "저 뒤쪽에서 죽은 땡감도 살았을 땐 참 달짝한 냄새를 풍겨 줬
어. 그러다가 차차 그 냄새가 다하고 죽어 버린 거야." "응, 아마 그럴 거
야. 우린 땡감의 달콤한 냄새를 아직도 기억하고 있어"라고 말하였다. 장
구벌레들이 떠드는 소리를 들으면서 똘배가 처음 시궁창에 왔을 때 절망
적인 말을 하던 실거머리도 똘배를 보면서 괜히 해죽해죽 웃었다.[102]

잠시 후 시궁창에 싱싱하고 맵싸한 냄새가 나는 파 뿌리 하나가 떠내
려오자, 장구벌레들은 몰려들어서 이렇게 떠들었다.

"아, 냄새가 또 하나 생겼구나!"

"봉선화 꽃물을 들인 누나의 손톱 냄새도 곁들여 왔어."

"아냐, 할아버지 환갑 잔칫상 냄새야."[103]

똘배는 촉촉이 젖어 든 눈으로 골목길 담 너머 푸른 하늘을 쳐다보았
다.[104]

수년 전 나는 스스로에게 이런 말을 한 적이 있다.

"그리스도인은 가장 마지막으로 절망하는 사람이다."

사실 이 말은 '그리스도인은 결코 절망해서는 안 된다'라는 의미였다. 그러나 그리스도인이라는 이유 하나로 현실을 극복하며 사는 일은 참으로 쉽지 않았다. 그런데 권정생을 보면 그가 누구보다도 절망스러운 환경에서 그 절망을 극복한 삶을 살았다는 생각이 든다. 내가 여러 차례 강조하지만, 권정생의 '나의 동화는 슬프다. 그러나 절대 절망적인 것은 없다'[105]라는 표현은 이러한 삶의 의지를 말하는 것이라고 본다.

표면적으로 보면, 그의 삶은 이미 1966년, 그의 나이 29세 때 절망이 선언되었다. 이미 전신 결핵으로 위독한 상황에 놓인 권정생은 그해 6월에 한쪽 콩팥을 들어내는 수술을 하였고, 12월에는 방광을 들어내는 수술을 하였다. 하나 남은 콩팥도 병이 들었지만, 콩팥을 모두 들어낼 수 없어서 콩팥 하나를 남겨 두는 대신 몸 바깥으로 소변 주머니를 다는 수술을 했다. 의사는 권정생에게 잘 관리하면 2년은 살 수 있다고 하였고, 간호사는 앞으로 6개월밖에 살 수 없다고 하였다.[106] 이들의 예상과는 달리 권정생은 70세까지 살았지만, '평상시에도 건장한 사람이 지게 두 짐을 진 것 같은 고통스러움'을 느끼며 생활하였다.[107]

그렇지만 "집사님, 밤에 혼자서 무섭지 않나요?"라고 아이들이 질문했을 때, "혼자가 아니고 내가 가운데 누우면 오른쪽엔 하느님이 눕고 왼쪽엔 예수님이 누워서 꼭 붙어서 잔단다"라고 한 권정생의 대답[108]이 단순한 유머가 아닌 그의 고백처럼 와닿는 이유가 무엇일까. 내가 좋아하는 찬송가의 한 대목을 언급해 본다.

높은 산이 거친 들이 초막이나 궁궐이나

내 주 예수 모신 곳이 그 어디나 하늘나라

할렐루야! 찬양하세. 내 모든 죄 사함 받고

이 찬송을 언급한 이유는 임마누엘 신앙이 내포되어 있기 때문이다.

> 보라 처녀가 잉태하여 아들을 낳을 것이요 그의 이름은 임마누엘이라 하리라
> 하셨으니 이를 번역한즉 하나님이 우리와 함께 계시다 함이라(마 1:23).

예수께서 세상에 오신 이유 가운데 하나가 '하나님께서 우리와 함께 계신다'라는 것을 가르쳐 주시기 위함임을 알 수 있다. 하나님께서 우리와 함께하시는 삶 속에서 우리가 마땅히 짊어져야 할 어려움이 경감되는 것은 아니다. 그렇지만 자신의 몫을 충실히 살아갈 수 있다. 자신의 환경을 보며, 낙심하거나 절망할 때가 있지만, 크게 볼 때 하나님께서 우리의 삶을 인도하심을 알 수 있는 것이다. 권정생의 삶과 그를 둘러쌌던 환경을 보면 권정생이야말로 하나님으로부터 잊힌 사람으로 보이기에 충분하다. "권정생은 우리 현대사가 개인에게 강요한 수난을 조금도 비껴가지 못한, 철저한 피해자였다"[109]라고 하는 이계삼의 말은 그런 사실을 방증하기에 충분하다.

그렇지만 권정생은 '하나님의 부재'를 말하며 원망으로 가득한 삶을 살지 않았다. 누구보다도 하나님과 동행하는 삶을 살았다. 고난에 가득 찬 삶 속에서 그가 경험한 것은 '함께하시는 하나님', 즉 '임마누엘의 하나님'이었다. 권정생에게 이러한 경험이 언제나 생생한 것은 아니었다. 그의 글에도 신앙적인 아픔과 고뇌의 흔적이 많다.[110] 그렇지만 그는 자신의 삶에 하나님의 은총이 있음을 믿었다.

권정생이 자신의 자전적 이야기를 '오물덩이처럼 딩굴면서'라고 명명

한 것은 그의 삶이 얼마나 척박했는지를 잘 말하고 있다. 그의 작품 〈똘배가 보고 온 달나라〉의 주인공 똘배는 마치 권정생 자신을 말하는 것처럼 보인다. 똘배가 시궁창에 떨어져 절망 속에 있었음에도 주위에 희망을 전한 것처럼 권정생 또한 절망적인 환경을 딛고 희망을 말했기 때문이다. 이 작품은 권정생의 임마누엘 신앙이 내포되었다고 보기에 충분하다. 그렇지만 그가 생각하는 임마누엘 신앙은 하나님께서 단지 그리스도인들에게만 함께하신다는 신앙이 아니다. 하나님은 모든 사람을 돌보신다고 그는 생각하였다. 그의 주위에는 질박한 삶을 이어 가는 이들이 가득하기 때문에 권정생은 신앙적 고뇌를 하지 않을 수 없었다. 그런데도 하나님께서 자신과 함께하시고 모든 사람을 돌보신다는 믿음을 잃지 않았다.

하나님의 돌보심을 받는 삶, 하나님이 함께하시는 삶은 절망적인 환경에서도 희망을 잃지 않는 삶이다. 시궁창에 빠진 똘배가 주위에 향기를 풍긴 것처럼 말이다. 권정생이 "나의 동화는 슬프다. 그러나 절망적인 것은 없다"라고 말한 것처럼 우리도 이렇게 말할 수 있다.

나의 삶은 늘 안락하지 않다. 그러나 절망적인 것은 없다.

똘배는 비록 시궁창에 빠져 점점 죽어갔지만, 절망하지 않을 수 있었다. 비록 똘배 자신은 사라져 간다 해도, 그가 남긴 향기와 아름다운 이야기는 잊히지 않기 때문이다. 똘배는 비록 시궁창에 있었지만, 영혼의 눈으로 아름다운 세계를 보았다. 그것은 물질주의에 함몰된 인간의 세계를 초월한 하나님이 다스리시는 세계이다. 하나님이 다스리는 세계에 사는 사람에게 결코 절망은 없다.

권정생 자신이 발을 딛고 산 세계가 아름다웠다고 보기는 어렵다.[111] 그러나 그 속에서 권정생은 하나님이 다스리시는 세계를 경험하였다. 똘배가 시궁창에서 하루하루 죽음을 기다리지만 절망하지 않은 것처럼 권정생 또한 내일을 장담할 수 없는 건강으로 하루하루를 살았지만 절망하지 않았다. 그는 앞서 언급한 찬송가 가사에 잘 맞는 삶을 살았다.

> 높은 산이 거친 들이 초막이나 궁궐이나
> 내 주 예수 모신 곳이 그 어디나 하늘나라
> 할렐루야! 찬양하세. 내 모든 죄 사함 받고
> 주 예수와 동행하니 그 어디나 하늘나라

우리 가운데 권정생만큼 쉽지 않은 삶을 사는 사람들은 많지 않다. 그렇지만 각자가 처한 현실이 때로는 똘배가 경험하는 시궁창처럼 희망이 보이지 않을 때도 있다. 권정생이 자신의 자전 글을 〈오물덩이처럼 딩굴면서〉라고 한 것처럼 우리 각자의 삶도 때로는 오물덩이를 뒹구는 것처럼 느껴질 때도 있다. 그렇지만 그 속에서 우리는 아름다운 향기를 전하고 희망의 꽃을 피울 수 있다. 하나님이 다스리는 삶을 살기 때문이다. 하나님이 다스리는 곳은 그 어디나 하늘나라이기 때문이다. 권정생은 자신의 삶을 통해, 자신의 작품들을 통해 그 어디나 하나님이 다스리는 하늘나라가 될 수 있음을 우리에게 말하고 있다.

죄인을 부르러 오신 예수님

늑대가 성경책을 들고 교회에 들어가는 모습, 이 장면을 떠올리면 나는 두 가지 생각을 하게 된다. 첫째, 참으로 기발하다는 생각이다. 그동안 늑대라고 하면 대표적인 악한 캐릭터로 알려져 왔기 때문이다. 한국전쟁 이후 어린이 만화에서 북한 인민군을 늑대로 형상화한 것이 대표적인 예이다. 동화『아기 돼지 삼형제』를 비롯, 다양한 문학작품에서 늑대가 악한 캐릭터로 등장하는 것은 잘 알려진 사실이다. 그런데 늑대가 우스꽝스러운 폼을 잡고 성경을 들고 교회에 들어가는 모습을 상상을 해 보면 늑대에 대한 공포가 아닌 친근감이 느껴진다.

둘째, 아무래도 어색하다는 생각이다. 그동안 악한 인물을 상징하는 단골로 등장해 온 늑대가 거룩하신 하나님의 말씀을 상징하는 성경을 들고 거룩한 성도의 공동체를 상징하는 교회로 들어가는 것은 아무래도 익숙하지 않다. 늑대라고 하면 교회 공동체에 해악을 끼치는 악인으로 상상하는 것이 더욱 익숙할지도 모른다. 그런데 권정생의 동화에 등장하면 어떤 사나운 동물도 우리에게 친근한 캐릭터가 된다.

늑대가 성경책을 들고 교회로 들어서는 모습은 두 가지를 상징한다고 볼 수 있다. 첫째, 하나님의 말씀은 누구에게나 열려 있다. 늑대로 상징되는 죄인이라고 해도 말이다. 하나님의 복음은 누구나 환영한다. 둘째, 거룩한 성도의 공동체인 교회 또한 누구에게나 열린 곳이다. 사실 교회는 구별된 거룩한 공동체의 공간이라고 하는 것보다 용서받은 죄인들의 공동체라고 하는 것이 더욱 타당한 표현일 것이다. 궁극적인 성도의 공동체의 완성인 하늘나라는 결국 어떤 죄인도 하나님의 은혜로 용서받고 들어갈 수 있는 곳이기 때문이다. 권정생은 그의 여러 작품에서 '성도란 어떤 사람인가. 교회란 어떤 공동체인가'라는 생각을 하도록 하지만, 그의 동화『아기 늑대 세 남매』는 유년 동화 가운데 그런 사실을 상기하도록 하는 좋은 작품이다. 이 작품에서 아기 늑대 세 남매가 서로 불신하는 인간과 동물들을 화해의 자리로 이끌기 위해 노력하는 역할을 하기 때문이다. 이 작품의 줄거리를 살펴보자.

마을에서 10리 떨어진 시내미골 제일 안쪽 막바지에는 본동댁의 개간 밭이 있다. 그 골짜기 둘레에는 아름드리 소나무가 빽빽하게 들어차 있고 여러 산짐승이 살고 있다. 그곳은 워낙 골짜기 외진 곳이기 때문에 사람들이 들어가지 않아 산짐승들이 활개 치며 다니는 곳이다. 하지만 이른 봄부터 가을까지는 본동댁 아들 부부가 아침 일찍부터 저녁 늦게까지 일을 하기 때문에 산짐승들도 낮 동안은 마음대로 나오지 못한다.[112] 산짐승들이 본동댁 아들 부부를 두려워하기 때문이었다. 산짐승을 두려워하기는 본동댁 아들 부부도 마찬가지였다. 본동댁 며느리 춘자 아주머니는 남편인 중서 아저씨를 혼자 골짜기 밭에 보내기가 마음이 편치 않아 꼭 점심을 싸들고 따라다닌다. 일을 할 때는 남편 곁에 꼭 붙어 앉아 호미질을 한다. 짜기 소나무 숲속에서 큰 짐승 소리가 나기도 하고, 여우랑 늑대 울음소리도 들리기 때문이다.[113]
이처럼 사람과 짐승들이 서로를 두려워하며 경계하지만, 그럼에도 불구하고 사람을 두려워하지 않고 친근하게 여기는 짐승들이 있었다. 그들은 태어난 지 오래되지 않은 아기 늑대 세 남매였다. 아기 늑대 세 남매는 춘자 아주머니네 밭에서 가까운 솜밭 오목한 웅덩이에 앉아 춘자 아주머니 부부가 일을 하면서 나누는 '깨소금 쏟아지는' 이야기를 엿들었다.[114] 아기 늑대 세 남매는 춘자 아주머니 부부의 대화를 엿들으면서 8월 초에 여름 성경 학교가 열린다는 것을 알 수 있었다.[115] 아기 늑대들은 집으로 돌아가 자신들을 여름 성경 학교에 보내 달라고 엄마 늑대를 조르기 시작하였다. 아기 늑대들과 엄마 늑대의 대화를 들어 보자.

"엄마, 춘자 아주머니네 교회에서 여름 성경 학교를 한대요. 굉장히 재미있다는데 우리도 보내 줘요. 네?"

"애들은, 또 춘자 아주머니 얘기를 엿들었구나. 그러면 못 써요."

"괜찮아요. 엄마, 가만히 보니까 춘자 아주머니 쪽에서 도리어 우리를 무서워하고 있는 것 같았어요."

"그러니까 안심이 안 되는 거야. 서로서로 무서워 않고 믿고 산다면 얼마나 좋겠니?"

"진짜는 그런 것 같아요. 아마 춘자 아주머니는 우리들을 믿고 있나 봐요."

"애들은 왜 말을 이랬다저랬다 하니? 그런다고 어디 엄마가 넘어갈 줄 아니?"

"아녜요. 춘자 아주머니네 밭에서 가까운 솜밭에 오목한 웅덩이가 있거든요. 우리 셋이서 거기 들어가면 딱 알맞게 앉을 수 있어요. 거기서 가만히 내다보고 있으면 춘자 아주머니가 중서 아저씨한테 얘기하는 소리가 다 들려요. 두 사람은 굉장히 사이좋은 부부인가 봐요. 그렇기 때문에 김을 매면서도 얘기가 깨소금 쏟아지듯 재미있지요."

… 중략 …

"엄마, 우린 춘자 아주머니하고 친하고 싶어요. 그리고 사람들 모두하고 사이좋게 지내고 싶어요."

"하지만, 그게 너희들 마음대로 되니?"

"그러니까 우릴 이번 여름 성경 학교에 보내주면 되잖아요."[116]

춘자 아주머니의 얘기를 자세히 엿들은 아기 늑대들에 따르면 '여름 성경 학교라는 것은 방학 동안 동네 아이들을 모아 놓고 무용도 가르치고, 노래도 가르치고 이 세상에서 가장 귀한 하나님의 말씀을 배우는 것'이다. 아기 늑대들의 생각에 하나님은 온 세상을 만드시고 사람도, 짐승도, 나무들도, 꽃도, 새도 모두 만들어주신 분이다.[117]

"엄마, 그런 하느님의 교회에 우리 늑대들도 함께 가서 공부할 수 있잖아요."

"글쎄다. 위태롭지 않을까?"

"위태롭지 않아요. 우린 감쪽같이 사람으로 둔갑할 줄 알잖아요."

"그래, 이따가 저녁에 아버지가 오시거든 한 번 여쭈어 보자꾸나."[118]

철이 든 엄마 늑대와 철이 들지 않은 아기 늑대들의 대화를 보면서 '과연 철든다는 것이 좋기만 한 것일까?'하는 생각을 하게 된다. 사리를 분별할 줄 아는 엄마 늑대는 사람을 두려운 존재로 생각하기 때문에 아기 늑대들이 사람에게 접근하는 것을 만류한다. 하지만 아기 늑대들은 사람을 친근한 존재로 여기며 다가가려고 한다. 여기서 아기 늑대들이 복음의 본질을 이해하고 있음을 알게 된다. 아기 늑대들은 '하나님의 말씀은 세상에서 가장 귀한 것이고 하나님은 자신들 늑대를 포함한 온 세상 만물을 만드신 분'이라고 이해하였다. 그런 측면에서 볼 때 하나님의 교회는 사람들뿐만 아니라 자신들과 같은 늑대도 들어갈 수 있는 공간이 된다. 엄마 늑대의 고민은 의외로 아빠 늑대의 한마디로 해결된다. 이들의 대화를 들어 보자.

"여름 성경 학교라면 나도 어릴 때 한 번 가 봤지."
"어머나! 당신 참말이에요?"
"못 믿겠다는 건가. 좋아, 우리 꼬마들이 가고 싶다면 얼마든지 보내겠어."
"와아! 아버지 만세!"
"그래, 며칠부터 시작한다던?"
"춘자 아주머니 말로는 8월 첫 주일부터래요. 그땐 춘자 아주머니께서도 성
  경 학교 때문에 밭에 못 오신다고 했어요."
"너희들 꼼꼼하게도 들었구나."[119]

아빠 늑대의 허락으로 이들의 대화는 훈훈한 웃음으로 종결되었다.[120] 여기서 권정생이 기발한 반전을 두었음을 발견하게 된다. 누구보다도 인간에 대한 불신이 강할 것 같은 아빠 늑대가 어린 시절 여름 성경 학교에 참석한 적이 있을 뿐만 아니라, 어린 시절에 한 번 참석했던 여름 성경 학교에 대한 좋은 기억이 있다는 것은 아빠 늑대가 여름 성경 학교에 한 번 참여하여 복음을 이해하였음을 암시하는 것으로 볼 수 있다.

어른을 상징하는 춘자 아주머니 부부와 엄마 늑대는 서로를 위험한 존재로 생각하며 경계하기에 이들 사이에는 간극(間隙)이 존재한다. 이들 사이의 간극을 메우는 존재는 어린아이를 상징하는 아기 늑대 세 남매이다. 아기 늑대 세 남매가 이해하는 하나님은 '이 세상 만물을 창조하신 분'이다. 하나님의 말씀은 '세상에서 가장 귀한 것'이다. 아기 늑대 세 남매는 하나님께서 자신들과 같은 늑대까지 만드셨다는 것을 생각하며 기

뿜을 누린다. 아버지 늑대는 아기 늑대들이 여름 성경 학교에 가는 것을 막을 것 같지만 오히려 대환영하는 반전이 나타난다. 이는 아버지 늑대의 마음 깊은 곳에 동심이 살아있기에 가능한 것이었다.

철이 든 어른은 서로를 구분하고 심지어 반목(反目)하기까지 하지만 어린이들은 그렇지 않다. 어린이의 생각에 하나님은 자신을 포함하여 모든 것을 창조하신 분이다. 그렇기 때문에 자신뿐만 아니라 모두가 소중한 존재이다. 모든 것을 창조하신 하나님의 말씀이 가장 귀한 이유는 하나님께서 이처럼 모든 존재를 말씀으로 창조하셨기 때문이다.

여름 성경 학교에 가기 위해 아기 늑대 세 남매는 어린이로 변신한 후 여름 성경 학교에 참석하였다. 다른 어린이들과 함께 선생님으로부터 노래도 배우고 성경 말씀도 배우는 등 재미있는 시간을 가진 후 마지막 기도를 마치고 서둘러 집으로 돌아왔다. 집 앞에서는 엄마 늑대가 가슴 졸이며 아기 늑대들을 기다리고 있다가 집으로 돌아온 아기 늑대들을 일일이 품에 안아주었다.[121] 아기 늑대 세 남매에게 엄마 늑대가 "오늘 무엇을 배웠느냐"고 묻자 아기 늑대들은 이렇게 대답하였다.

"말씀대로 살자!" "하느님의 자녀로 자라자!"[122]

그날 밤 늑대 가족은 여름 성경 학교 얘기로 밤이 깊은 줄 몰랐다. 아기 늑대들은 5일 동안 빠짐없이 여름 성경 학교에 출석하여 많은 것을 배웠다. 그러고는 '내년 여름 성경 학교에는 시내미골 산짐승들을 모두 데리고 가겠다'고 결심하였다.[123] 순수한 동심이 하나님의 말씀을 배울 때 어떤 일이 일어나는지 이를 통해 발견하게 된다. 아기 늑대 세 남매가 자신들처럼 시내미골에 사는 모든 짐승을 내년 여름 성경 학교에 데리고 가겠다고 결심한 것은 이사야 11장에 언급된 궁극적인 구원 이야기를 떠올리도록 한다.

그때에 이리가 어린 양과 함께 살며 표범이 어린 염소와 함께 누우며 송아지와 어린 사자와 살진 짐승이 함께 있어 어린아이에게 끌리며/ 내 거룩한 산 모든 곳에서 해 됨도 없고 상함도 없을 것이니 이는 물이 바다를 덮음같이 여호와를 아는 지식이 세상에 충만할 것임이니라(사 11:6, 9절).

이 작품을 통해 '교회란 무엇인가. 구원이란 무엇인가'라는 생각을 해 보게 된다. 서두에 언급한 것처럼 교회는 구별된 거룩한 성도의 공동체이면서 용서받은 죄인들의 공동체이다. 구원의 대상은 의인이 아니라 죄인이기 때문이다. 이 작품에서 권정생은 양이나 토끼처럼 선한 이미지의 동물이 아닌 악한 캐릭터의 대표인 늑대가 여름 성경 학교에 참석할 뿐만 아니라, 하나님의 말씀을 배운 후 다른 동물들에게 하나님의 말씀을 전하는 역할을 하게 하였다. 이처럼 교회는 의인과 죄인을 구분하지 않고 받아들이는 공동체임을 다시 한번 생각해 보게 된다.

그렇지만 한국교회 공동체가 혹 용서받은 죄인들의 공동체라는 인식보다는 구별된 거룩한 성도의 공동체라는 인식에 더욱 익숙한 것은 아닌가 생각해 본다. 용서받은 죄인이라는 인식을 가지고 있다면, 누구나 수용할 수 있다. 그러나 구별된 거룩한 성도의 공동체라는 인식에 더욱 익숙하다면 자신과 다른 사람을 배타할 수도 있지 않을까.

성소수자들에 대한 한국교회의 입장은 참으로 뜨겁다. 성소수자들을 결코 받아들일 수 없다는 완고한 입장을 견지하는 이들이 있다. '개인적으로는 동성애를 받아들이지 않지만, 성소수자들도 복음으로부터 제외된 이들이 아니기 때문에 그들의 친구가 되어야 한다'라는 입장도 적지 않다.

물론 드러내면서 성소수자들을 배타하는 경우는 많지 않을 것이다. 하지만 교회 공동체에서 성소수자들을 따뜻한 손길이 필요한 가족이 아닌, 가증한 죄인으로 낙인하고 있는 것은 아닐까. 교회 공동체를 용서받은 죄인들의 공동체가 아닌 구별된 의인들의 공동체로 인식한다면 성소수자들과 비교하여 자신을 상대적인 의인으로 생각함으로써 그들을 낙인화할 수도 있다.

그뿐만 아니라 동성애 문제를 강조하다 보니 다른 죄들에 대하여는 관대한 생각을 가지게 되었는지도 모른다. 이런 측면에서 볼 때 성소수자들을 죄인이라고 단죄하며 교회 공동체에서 배타할 수 있는 사람은 아무도 없다. 하나님께서 보실 때 모든 죄는 차이가 없기 때문이다. 그러므로 용서받은 죄인들의 공동체 교회는 누구도 배타할 수 없음을 알 수 있다. 구원은 누구에게나 열려 있기 때문이다. 동성애를 받아들이지 않는다고 해서 성소수자들을 죄인으로 낙인함으로써 배척할 수는 없는 이유가 여기에 있다.

그뿐만 아니라 그리스도인 사이에서도 옳고 그름이 아닌 다름을 인정하지 않는 경우가 많다. 정치 이념에 차이가 있을 때 서로를 인정하지 못한다. 신학의 차이로 서로를 인정하지 않는 경우가 없지 않다. 1920년대 미국에서 자유주의 논쟁이 치열할 때 이른바 근본주의 측에서는 다섯 개 신조를 주장하였다. 그것은 성경의 무오(無誤), 그리스도의 동정녀 탄생, 그리스도의 대속적 죽음, 육체의 부활, 그리스도의 재림이다. 이것은 오늘날 한국교회의 복음주의, 개혁주의 신학에서 인정하는 신조이다. 그러므로 이에 대한 이견을 말하면 치열한 논쟁이 일어날 수밖에 없다. 그렇지만 한국교회의 신학 논쟁은 언급한 다섯 가지 신조가 아닌 그 외 비본질적인 경우가 많다. 여성에 대한 이해, 정치 이념에 대한 차이 등 비본질적 요소인 경우가 많다는 것이다.

구한말 초기 한국교회 공동체는 성경을 하나님의 말씀으로 믿고 성경 말씀대로 순종함으로써 사회변혁을 이끈 공동체였다. 치열한 신학적 논쟁도 없었다. 선교사들은 교단의 차이를 극복한 연합교회를 설립하려는 시도까지 하였다. 장로교나 감리교라는 명칭을 폐지하고 '대한예수교회'라는 통일된 명칭을 사용하자는 제안까지 나왔을 정도로 말이다.[124] 그들은 다음과 같이 말하였다.

알려진 바에 따르면 장차 추구할 목적은 하나의 본토인 그리스도교 복음주의 교회를 설립하는 것이라는데 그 교회는 역사적으로 강조되거나 유지되어 온 교리상의 차이를 나타내는 명칭들과 상관없는 교회가 될 것이다. 이 같은 차이들은 진리의 어떤 부분을 특히 강조하거나 덜 중요한 결과로 빚어진 것들이다. 아르미니우스든 칼빈이든 그들이 가능한 한 자신들의 이름이 교파 창시자로 거론되는 것을 막으려 했을 것임은 쉽게 이해할 수 있다. 교회 발전사에 있어 (분열이) 불가피한 일시적 현상이었지만 이 시대의 추세는 논쟁적 어휘들은 뒤로 감추고 공동의 적에 대항하기 위해 공동개선을 펴는 데 있다.[125]

물론 이와 같은 '대한예수교회' 설립에 성공하지는 못했지만, 초기 선교사들은 교단을 초월하여 다양한 선교사업을 추진하였다.[126] 이 시기는 각 교파 교회가 아닌 그리스도의 교회로서의 인식이 강하였던 것이다. 이처럼 치열한 신학 논쟁보다는 성경 진리에 입각하려고 함으로써 구한말 여러 가지 사회 문제를 해결하는 데 한국교회가 앞장설 수 있었다.

인용문에서 '아르미니우스든 칼빈이든 그들이 가능한 한 자신들의 이름이 교파 창시자로 거론되는 것을 막으려 했을 것임은 쉽게 이해할 수 있다'라는 언급은 오늘날 한국교회에 시사해 주는 바가 적지 않다. 때로는 예수 그리스도보다 각 교단을 대표하는 신학자들의 이름이 더욱 권위로 작용하는 것을 부인할 수 없기 때문이다. 구한말 초기 한국교회는 어린아이처럼 단순하였지만 그만큼 단순하게 진리를 선포하는 데 망설임이 없었다. 단순한 복음 선포는 곧 사회변혁으로 이어졌다. 오늘날 한국교회가 구한말 초기 교회 공동체만큼 사회에 영향을 끼치고 있는가 고민해 보지 않을 수 없다.

예수께서는 죄인을 부르러 오셨다. 한국교회는 용서받은 죄인들의 공동체이다. 그러한 인식을 잊지 않을 때 문을 활짝 열고 누구나 환영할 수 있다. 그렇지만 용서받은 죄인들의 공동체라는 인식을 잊고 구별된 거룩한 성도로서의 인식만을 강하게 갖는다면 한국교회는 배타성을 내포하게 된다. 성소수자를 단죄함으로써 배타하고 정치 이념이 다른 사람을 배타하고 복음이 아닌 부수적 요인들에 따라 치열하게 대립함으로써 서로를 배타하는 것이다.

늑대가 성경책을 들고 교회로 들어서는 모습, 아기 늑대들이 여름 성경 학교에서 하나님 말씀을 배운 뒤 모든 숲속 동물들을 다음 해 여름 성경 학교에 초대하려고 결심한 모습은 우리에게 시사해 주는 바가 적지 않다. 교회는 누구에게나 열린 곳이다. 구원에는 어느 누구도 차별이 없다. 구별된 의인으로서의 인식보다는 용서받은 죄인으로서의 인식을 가질 때 그리스도인들이 복음을 전할 수 있다. 예수님은 의인이 아니라 죄인을 부르러 오셨기 때문이다. 우리가 죄인을 부르시는 예수님의 음성을 듣고 구원받은 하나님의 자녀가 되었기 때문이다.

행복 누림

우리 주위에는 삶의 그늘 없이 항상 해맑은 미소를 머금고 살아가는 사람들이 있다. 생각하는 것이 평범한 사람과 같지는 않다. 사람들은 그들을 동정의 눈으로 바라본다. 이른바 '모자란 사람'이라고 일컬음 받는 사람들이기 때문이다. 그런데 가만 생각해 보면 그들을 동정의 눈으로 바라보아야 하는가 하는 생각을 해 보게 된다. 정작 그들을 동정의 눈으로 바라보는 사람들 얼굴에는 해맑은 미소 대신 삶의 그늘이 담겨있기 때문이다.

그렇듯 해맑은 미소를 얼굴에 담은 사람들에게는 공통된 특징이 있다. 그들은 현실감각이 부족하다. 그러다 보니 자신의 것을 챙겨야 한다는 욕심이 없다. 그들은 다른 사람에게 해를 끼치지 않는다. 보잘것없는 일이라도 다른 사람에게 도움이 될 수 있다면 기꺼이 도우려고 한다. 그러나 그들을 동정의 눈으로 보는 사람들은 현실을 직시하려고 하는 가운데 하나라도 더 자신의 것을 챙기려고 한다. 다른 사람을 도울 때 이해타산을 따지기도 한다. 얼굴에는 삶의 그늘이 있을 때가 많다.

과연 누가 행복을 누리는 사람들인가? 동정의 시선을 받는 사람들인가? 동정의 눈으로 바라보는 사람들인가? 현실감각이 부족해 보이는 사람들인가? 현실을 예민하게 직시하며 사는 사람들인가?

그의 단편 동화 『중달이 아저씨네』에는 이렇듯 마을 사람들로부터 동정을 받으며 사는 가족이 등장한다. 이들은 마을 사람들로부터 바보라는 업신여김과 함께 동정의 시선을 받으며 살아간다. 그들은 현실감각도 너무나 부족하여 자신이 소유한 모든 것을 다른 이들을 위해 베푼 후에도 근심이 아닌 기쁨을 느낀다. 마을 사람들은 중달이 아저씨 가족을 안타까운 눈으로 보지만 말이다. 그렇다면 정작 행복한 사람들은 중달이 아저씨 가족일까? 그들을 안타깝게 여기는 마을 사람들일까? 중달이 아저씨 가족 이야기를 살펴보도록 하자.

중달이 아저씨는 뒷산 굴참나무 밑에 작은·오두막을 짓고 홀어머니를 모시고 가재 개울 골짜기에 있는 작은 밭을 일구며 사는 가난한 사람이다. 그는 마을 사람들로부터 바보라고 업신여김을 받기까지 한다. 그럼에도 불구하고 어느 날 가정을 이루었다. 하지만 보통 사람들처럼 혼인식을 올리고 잔치를 벌이는 방법으로 장가를 든 것이 아니었다. 중달이 아저씨 처지에 아무래도 똑똑한 여인과 결혼을 할 수는 없어서, 마을 사람들이 어디선가 중달이 아저씨에게 어울릴만한 여인을 데려다줌으로써 가정을 이룬 것이었다. 마을 사람들은 중달이 아저씨 가족을 바보라고 불렀다.[127] 중달이 아저씨 가족이 어떤 사람들이기에 마을 사람들로부터 바보라고 업신여김을 받는 걸까.

그것은 우선 궁상맞도록 가난한 처지에도 불구하고 대책 없이 자신의 소유를 다른 사람과 나누었다는 사실에서 잘 나타난다. 본래 중달이 아저씨에게는 밭이 두 뙈기가 있었는데 그 가운데 절반을 아랫마을 가난한 진수네에게 나누어준 것이었다. 진수와 진영이 남매를 데리고 땅 한 뙈기 없이 고생하며 살아가는 진수네 어머니와 이야기를 나누던 중 "우리도 조그만 밭 한 뙈기라도 있었으면 얼마나 좋겠어요"라고 하는 진수 어머니의 말을 듣고 선뜻 밭 한 떼기를 나누어준 것이었다. 중달이 아저씨와 진수 어머니의 대화를 들어 보자.

"우리도 조그만 밭 한 떼기라도 있었으면 얼마나 좋겠어요."
"밭이 갖고 싶으면 우리 것 하나 드리지요."
"밭을 하나 주신다니, 공짜로 주시겠다는 건 아니겠지요?"
"아아뇨, 그냥 드리지요. 우리는 두 개가 있으니 하나 나눠주려는 겁니다."
"괜히 놀리지 마셔요. 애들도 아니고….."

진수네 어머니는 중달이 아저씨가 '바보니까 역시 바보 같은 말을 한다'라고 생각하며 염두에 두지 않았다.[128] 그렇지만 중달이 아저씨는 그날 집으로 돌아가서 늙은 어머니와 그 이야기를 나누었다.

"어머니, 아랫마을 과부댁 아주머니가 밭 한 떼기 갖고 싶어 하는데 우리 것
 하나 나눠줄까요?"
"과부댁이라니, 누굴 두고 하는 말이니?"
"진수랑 진영이 남매를 데리고 사는 아주머니 말입니다."
"오오라, 진수네 집을 말하는구나."
"그래요. 그 진수네 어머니가 밭 한 떼기가 갖고 싶다고 오늘 김서방네 밭을
 매면서 나한테 얘기했거든요."
"그러냐? 그렇다면 하나 나눠주자꾸나. 우린 두 개가 있으니까."[129]

이렇게 해서 중달이 아저씨는 밭 한 떼기를 진수 어머니에게 주었다. 마을 사람들은 "중달이가 과부에게 홀딱 반해 버려 밭을 공짜로 주었

다.", "그 진수네 어미 년이 중달이를 꼬여 밭 한 떼기를 빼앗았다"라고 하며 떠들어댔다. 그렇지만 중달이 아저씨는 사람들이 떠드는 소리에 신경 쓰지 않고 평소처럼 열심히 일만 하였다. 밭 한 떼기를 진수네 집에 나누어 줌으로써 중달이 아저씨네는 더욱 빈곤해질 수밖에 없었지만 후회하기는커녕 오히려 기쁨을 느꼈다. 중달이 아저씨의 어머니는 "넌 아주 마음씨가 착한 아이야"라고 말하며 중달이 아저씨를 대견해하였다.[130]

중달이 아저씨의 아내가 된 아주머니도 생전 화를 낼 줄 모르는 사람이었다. 보리밥과 된장과 나물 반찬으로 끼니를 이어도 언제나 맛나게 먹고, 낡게 해진 옷을 입어도 부끄럽다는 생각을 조금도 하지 않았다. 가족 셋이서 모이면 언제나 깔깔 껄껄 웃기만 했다. 이들은 함께 밭에 가서 김을 매고 곡식을 거두며 행복한 하루하루를 살았다.[131]

얼음이 얼고 찬바람이 불어오는 초겨울 어느 날 중달이 아저씨 가족이 사는 감나무골 마을에 거지 아이 한 명이 찾아왔다. 열 살쯤 되어 보이는 그 아이는 눈이 작고 입이 커다란 바보 아이였다. 마을 사람들 대부분은 그 아이를 못마땅하게 여겼지만, 중달이 아저씨네 집에서는 따뜻하게 맞이해 주었다. 어느 날 거지 아이가 밥을 얻어먹으려고 중달이 아저씨네 집에 갔을 때, 아저씨네 집에서는 저녁밥을 먹고 있던 중이었다. 문밖에 서서 거지 아이가 "맛있는 밥 좀 주세요"라고 큰소리로 말하자 중달이 아저씨 집의 아주머니는 밖을 내다보면서 "얼래? 예쁘기도 해라!"라고 하면서 아이를 방으로 데리고 들어갔다. 중달이 아저씨 가족은 거지 아이를 가족으로 맞이하였다.[132]

"아저씨, 나 언제까지라도 아저씨네 집에 살아도 되어요?"

"그럼 언제까지라도 함께 살아야지. 넌 이제 우리 집 식구인걸."

사람들은 이런 중달이 아저씨 가족을 비웃기도 하고 안타깝게 생각하기도 하였다.

"어쩌자고 먹고살기도 힘든데 거지 아이까지 데리고 살까?"
"아무리 바보이지만 참 어처구니가 없군요."[133]

그렇지만 중달이 아저씨 가족은 사람들의 염려에도 아랑곳없이 항상 즐거웠다. 그러던 어느 날 남은 밭 한 뙈기마저 처분해야 할 사건이 생기고 말았다. 거지 아이 수남이가 급성 맹장염으로 인해 수술을 받아야 했던 것이다. 수술을 받고 수남이는 목숨을 건졌지만 치료비를 지불하기 위해 중달이 아저씨는 남은 밭 한 뙈기를 처분해야만 했다. 밭을 팔아 수술비를 지불하고 수남이를 데려온 뒤에도 중달이 아저씨 가족은 여전히 즐겁기만 했다.[134] 밭을 팔아 버렸으니 앞으로 어떻게 살아가야 할지 걱정은 조금도 하지 않고 중달이 아저씨 가족은 수남이를 껴안고 쓰다듬으며 마냥 즐거워할 뿐이었다.[135]

"아이고, 수남아. 네가 살아줘서 고맙구나."
"아이고, 우리 수남아."

이 작품에서 중달이 아저씨 가족은 현실감각이 부족해 보이는 삶을 살아간다. 이들은 그렇지 않아도 빈곤한 살림에 조금이라도 자신의 것을 챙기기보다는 오히려 자신의 것을 나눔으로써 기쁨을 느끼는 사람들이

다. 이 작품에는 지극히 현실적인 삶을 살아가는 마을 사람들과 현실감
각이 부족한 중달이 아저씨 가족이 대비되어 등장한다. 마을 사람들이
볼 때 중달이 아저씨 가족은 참으로 불쌍한 사람들이다. 사람들로부터
바보라고 일컬음 받는 것도 불쌍한 일인데, 그들의 행동은 과연 바보라
할 만큼 지혜롭지 못하다. 하루 세 끼 먹고살기조차 벅찬 상황에서도 자
신들보다 더 가난한 사람에게 어떠한 대가도 없이 손바닥만 한 밭의 반
을 나누어주었다. 이런 행동을 한 아들을 나무라기는커녕 오히려 칭찬하
는 어머니 또한 바보스럽기 짝이 없다. 그런 측면에서 중달이 아저씨의
아내가 된 아주머니 또한 바보스럽기 짝이 없다. 어디서 왔는지 알 수 없
는 거지 아이 수남이를 예뻐하며 가족으로 맞이한 것에서 볼 수 있는 것
처럼 말이다.

결국 중달이 아저씨 가족은 수남이가 맹장염에 걸리자 수술을 해주고
수술비를 마련하기 위혜 한 뙈기 남은 밭까지 처분하고 말았다. 사람들
은 그런 중달이 아저씨 가족을 조롱하고 동정하였지만, 중달이 아저씨
가족은 수남이가 건강을 회복한 것 하나만으로 기뻐하며 마냥 행복해하
였다. 당장 내일 먹을거리를 염려해야 하는 상황이었지만, 이들 가족에
게 그것은 문제가 되지 않았다. 어떠한 척박한 상황도 이들로부터 행복
을 빼앗을 수 없었다. 그들은 마을에서 가장 행복한 가족인 것이다.

초등학교 시절 내가 살던 동네에는 이른바 바보 형제로 일컬음 받는
이들이 있었다. 형의 나이는 10대 후반쯤 되어 보였고 동생의 나이는 나
보다 한두 살 어린 9-10살 정도 되어 보였다. 나를 포함해서 사람들은
그들을 안타까운 눈으로 바라보곤 하였다. 그들 형제가 참 잘생겼기 때
문에 사람들이 더욱 안타깝게 여겼는지도 모른다. 얼마 후 나의 가족이
다른 동네로 이사를 간 후 한동안 나는 그들을 볼 수 없었다. 하지만 가

끔 그들의 소식을 궁금해 했다. 늘 안타까운 생각을 하면서 말이다.

내가 서른쯤 되어서 고향에 갔을 때 그곳 시내에서 횡단보도를 건너고 있는 그들을 볼 수 있었다. 그들 가운데 형은 30대 후반이 되었고 동생은 20대 후반이 되었을 터였다. 그들 형제는 무엇이 그리도 좋은지 껄껄껄 웃으면서 횡단보도를 건너서 어디론가 가고 있었다. 동생이 참으로 잘생긴 청년으로 성장한 모습을 볼 수 있었다. 그들을 보며 나는 안타까운 생각을 금할 수 없었다. 여전히 사람들로부터 업신여김을 받는 모습으로 살아가며 나이 들어가는 그들이 너무나도 불쌍하게 느껴졌던 것이다. 그런데 불현듯 이런 생각이 들었다.

어쩌면 저들은 자신들만의 천국에서 살아가는지도 모른다. 현실은 이렇듯 척박한데….

이런 생각도 들었다.

지금 내가 뭔가 잘못 생각하고 있는 게 아닐까? 지금 사람들은 그늘진 얼굴을 하고 있는데, 저들은 해맑은 미소를 지으며 행복하게 웃고 있다. 저들을 바보라고 동정 어린 시선으로 바라보는 사람들이 불행한 사람들이고 마냥 웃고 있는 저들이야말로 자신들의 천국을 소유한 행복한 사람들 아닐까?

이후 간혹 바보라고 일컬음 받은 사람을 발견하면 그들의 얼굴을 유심히 바라보게 되었다. 그들은 하나같이 얼굴에 해맑은 미소를 머금고 있었다. 그들을 동정 어린 눈으로 보는 사람들은 미소를 잊은 얼굴을 하고 있는데, 그들은 미소를 간직한 채 살아가고 있었다. 그뿐만 아니었다. 그들은 다른 사람에게 결코 해를 끼치지 않았다. 사람들에게 친절히 대하며 다른 사람을 도울 수 있는 지극히 작은 일이라도 있으면 기꺼이 하려고 하는 것이 그들로부터 보이는 공통된 모습이었다. 그런 호의를 사람들은 이용하기도 하고 도리어 업신여기기도 하지만 말이다. 결국, 나는 이런 생각을 하지 않을 수 없었다.

어쩌면 저들은 하나님께서 주신 아름다운 선물을 마음에 품고 사는지도 모른다. 다른 사람들에게 해를 끼칠 줄 모르고 도움을 주려는 저들, 자신들을 업신여기며 동정하는 사람들은 근심에 가득 찬 얼굴로 살아가지만, 미소를 잃지 않고 살아가는 저들이 오히려 이 세상을 삭막하지 않게 하는 사람들이 아닐까?

이 작품에 나타난 중달이 아저씨 가족이 그렇다. 마을 사람들은 척박한 하루하루를 생각하면서 근심 중에 살지만 중달이 아저씨 가족에게는 하루하루가 천국이었다. 중달이 아저씨 가족은 결국, 가장 고귀한 가치를 실천하기에 이르렀다. 자신의 모든 소유를 팔아 생명을 구한 것이다. 자신과 피 한 방울 섞이지 않은 거지 아이, 다른 사람들이 귀찮은 존재로 여기는 거지 아이의 생명을 말이다. 자신의 소유를 팔아 생명을 살릴 수 있다면 그 이상으로 행복한 일이 있을까. 그런 마음을 가진 중달이 아저씨 가족이야말로 하나님께서 주신 소중한 선물을 마음에 품은 사람들이 아닐까. 한 생명을 살리기 위해 소유를 모두 처분한 중달이 아저씨 가족은 앞으로 어떻게 살아가게 될까?

자신이 가진 두 뙈기의 밭을 가꾸면서 틈틈이 다른 사람들의 밭에서 일을 한 것처럼 중달이 아저씨는 앞으로도 가리지 않고 일을 하며 살아갈 것이다. 자신의 모든 소유를 처분하였으니 생활은 더욱 척박할지 모른다. 그렇지만 그것이 중달이 아저씨 가족의 행복을 결코 빼앗을 수 없다. 그것은 하나님께서 이들 가족 마음에 심어주신 행복이기 때문이다. 비록 풍족하지는 않다고 해도 이전보다 척박하지 않은 삶을 살 수 있을지도 모른다. 하나님의 돌보심으로 말이다. 권정생은 이 작품에서 중달이 아저씨 가족의 이후 생활에 대해 말해주지 않았다. 다만 모든 것을 처분함으로써 다른 사람이 생활을 영위할 수 있도록 해주고 결국, 사람의 생명을 구함으로써 기뻐하는 이들 가족의 모습을 그리며 이 작품을 종결지었다.

이 작품에서 권정생이 생각한 '행복 누림의 삶'을 생각해 본다. 무엇보다도 이 작품에서 '바보와 바보 아닌 사람들'로의 구분 인식에 대한 재고를 생각해 보게 된다. 마을 사람들이 바보라고 업신여기며 동정의 시선으로 바라본 중달이 아저씨 가족이 오히려 마을 사람들보다 행복한 하루하루를 살았기 때문이다. 이 작품의 처음부터 끝까지 중달이 아저씨 가족은 현실감각이 모자란 행동을 하였다. 그러나 이들 가족은 더욱 행복을 누렸고 결국에는 사람의 생명을 살리는 가장 고귀한 가치를 실천하였다. 이를 통해 정작 천국의 삶을 사는 사람이 누구인가 생각해 본다. 마을 사람들이 아니라 중달이 아저씨 가족이야말로 천국의 삶을 영위한 사람이 아닐까.

누구나 행복을 누리고 싶어 한다. 그래서 자신의 소유 하나라도 더 가지려고 한다. 그것이 척박한 삶을 이기는 지혜라고 생각하기 때문이다. 풍족하지 않은 하루하루를 살면서 자신의 것을 나누는 것은 현실감각이 부족한 것으로 보인다. 그러나 현실감각이 부족해 보이는 삶이 오히려 행복을 누리는 삶이 될 수도 있음을 권정생은 이 작품에서 말하고 있는 것은 아닐까. 권정생은 중달이 아저씨 가족의 모습을 통해 자신이 꿈 꾼 행복을 말하고 싶었는지도 모른다. 사람들이 볼 때는 안타까운 삶이 지만, 사실은 진실로 행복한 삶 말이다. 어쩌면 지나치게 현실을 직시하는 시선을 잠시 거두고 조금은 바보스러워 보이는 삶을 살 때 행복을 발견할지도 모른다. 이런 질문을 나 자신에게 다시 한번 가만히 던져 본다.

'중달이 아저씨 가족과 마을 사람들 가운데 진정 행복을 누린 사람들은 누구 였나?', '나는 지나치게 현실을 직시하면서 행복하지 못한 삶을 살아오지 않 았을까?'

교회에서 어린이들을 가르치는 권정생

행복한 왕자 이야기

오스카 와일드의 동화집에 나오는 『행복한 왕자』는 어린 시절 권정생에게 큰 감명을 주었다.[136] 그러므로 동화 『행복한 왕자』를 살펴보는 것은 권정생의 작품을 이해하는 데 도움이 된다. 어린 시절 내가 만화영화를 통해 알게 된 『행복한 왕자』의 내용은 오스카 와일드의 원작과 약간의 차이가 보인다. 어린이가 소화하기 힘든 사회 문제에 관한 내용은 생략하였기 때문이었을 것이다. 『행복한 왕자』의 원작을 보면, 이 작품에 깊은 사회적 문제와 인간 이해에 대한 문제를 언급하였기 때문에 이 작품이 비단 어린이를 위한 동화에 국한되지 않는다는 생각이 든다. 내용의 한 대목을 잠시 살펴보자.

> 사랑스러운 작은 제비야, 너는 내게 신기한 얘기를 많이 했지만, 이 세상에서
> 제일 신기한 얘기는 인간이 고통받는 얘기란다. 고통과 비참보다 더 위대하
> 고 신기한 것은 없지. 작은 제비야, 이 도시를 날아다니며 그것을 보고 와서
> 내게 얘기해 주렴.[137]

이 글은 당시 기독교 문화에 속한 국가였지만, 그 안에서 소수 부유층 외에는 지옥과 방불한 삶을 살던 사회의 불평등에 대하여 자세히 말하고 있다. 왕자로부터 첫 번째 선물인 사파이어를 받은 가난한 과부는 삯바

느질하며 생계를 유지하였다. 왕자의 심부름으로 제비가 사파이어를 물고 과부의 집으로 갔을 때, 그녀는 여왕의 시녀 중 가장 예쁜 여자가 파티에 입고 갈 공단(貢緞) 옷에 꽃시계 덩굴을 수놓고 있었다. 그녀의 얼굴은 야위고 피곤해 보였다. 삯바느질 도중 바늘에 찔린 손은 빨갛게 부어 있었다. 방구석 작은 침대에는 어린 아들이 고열로 누워있었고 그녀는 너무나 지친 나머지 깊이 잠들어 있었다.[138]

왕자의 심부름으로 과부에게 가던 도중 제비는 하얀 대리석 천사가 조각된 성당의 탑을 지나 흥겨운 음악 소리가 들리는 궁전을 지나게 되었다. 궁전 난간에서는 아름다운 아가씨가 사랑하는 사람과 사랑을 속삭이고 있었다.

> "별이 너무나 아름답고, 사랑의 힘은 너무나 크군요!"
> "다음 큰 파티 때까지는 내 새 드레스가 다 되었으면 좋겠어요. 드레스에다 꽃시계 덩굴을 수놓아 달라고 했는데 재봉사가 너무나 게을러요."[139]

그녀는 과부 여인이 꽃시계 덩굴을 수놓는 드레스의 주인이었다. 이 대목에서 작가가 말하려는 메시지가 잘 드러난다. 작가는 제비를 통해 하얀 대리석 천사가 있는 성당과 아름다운 음악이 들리는 궁전, 그리고 귀족을 상징하는 남녀를 소개하였다. 이는 성당에서의 신앙생활과 궁전에서의 화려한 사교 생활이 먹고사는 데 염려가 없는 귀족들의 문화처럼 여겨졌음을 말한다. 다시 말해 성당에 나가 미사에는 참여하지만, 그것이 귀족의 화려한 문화생활에 지나지 않음을 암시한다. "드레스에다 꽃시계 덩굴을 수놓아 달라고 했는데 재봉사가 너무나 게을러요"라는 귀족 여인의 말에는 '가난은 게으름 탓'이라는 암시가 내포되어 있다.

부자들이 아름다운 집에서 흥겹게 지내는 동안 거지들은 동정을 구하며 그들의 집 앞에 앉아 있었다. 어두운 골목길에는 굶주린 아이들이 창백한 얼굴로 깜깜한 거리를 힘없이 바라보고 있었다. 아치 모양 다리 밑에는 어린 사내아이 둘이 추위를 견디기 위해 서로 부둥켜안고 "너무 배가 고파"라며 울먹이고 있었다. 그러나 경비원은 "너희들 여기 누워서 자면 안 된다"라고 하며 그 아이들을 다리 밑에서 쫓아내었다.[140] 배고픈 아이들에게는 다리 밑 공간조차 허락되지 않았다.

궁전과 아름다운 집에 살면서 화려한 문화를 누리는 사람들이 볼 때 가난은 순전히 게으름 탓일 뿐이기에 불평등한 사회 구조에 대한 문제의식은 그들에게 인식될 여지가 없었다. 가난한 과부가 삯바느질로 가난한 생활을 꾸려 가는 이들을 딛고 자신들이 행복을 누리고 있음을 인식하지 못한 것이다. '행복한 왕자' 또한 생전에는 그러하였다.

내가 살아서 인간의 심장을 가지고 있을 때에는 눈물이 무엇인지도 몰랐단다. 나는 궁전에서 슬픔을 모르고 살았지. 낮에는 친구들과 뛰어놀고, 밤이면 큰 홀에서 춤을 추었지. 궁전 둘레에는 높은 담이 둘러쳐져 있었는데 나는 그 너머에 무엇이 있는지 한 번도 생각해 보지 않았어. 내 주위의 모든 것은 참 아름다웠어. 내 신하들은 나를 행복한 왕자라고 불렀는데 즐거운 것이 행복한 거라면 난 진짜 행복했단다. 나는 그렇게 행복하게 살다가 죽었지. 그런데 내가 죽자 사람들이 나를 이 도시의 온갖 추한 것과 비참한 것이 다 보이는 높은 곳에다 세워 놓았단다. 비록 내 심장이 납으로 되었지만 난 눈물을 흘리지 않을 수가 없구나.[141]

살아있는 동안 왕자는 진정한 행복에 대하여 알지 못했다. 그가 누린 행복은 다른 사람에 의해 인정받는 행복이었다. 그것은 '낮에는 친구들과 뛰어놀고, 밤이면 큰 홀에서 춤추는 삶'이었다. 왕자 또한 다른 사람의 눈에 의해 자신이 행복한 왕자라고 생각한 것이다. '진정한 행복이 무엇인가'에 대한 깨달음은 그가 죽은 다음 가능하였다. 진정한 행복이 무엇인지 알기 위해 그가 먼저 치러야 하는 대가는 궁전의 높은 담 너머 도시의 '온갖 추한 것과 비참한 것'을 직시하는 것이었다. 그리고 왕자는 앞서 언급한 것처럼 '고통과 비참보다 더 위대하고 신기한 것은 없다'라고 고백할 수 있었다. 왕자는 궁전 밖에서 비참한 삶을 사는 사람들과 하나가 된 것이다. 왕자가 죽은 후에도 사람들이 그를 '행복한 왕자'라고 부르는 이유는 그의 화려한 모습 때문이었다.

> 도시 한복판 높은 축대 위에 '행복한 왕자'의 동상이 높다랗게 서 있었습니다. 동상의 온몸은 순금으로 덮여있고, 두 눈에는 반짝이는 사파이어가 박혀있고, 칼자루에는 크고 붉은 루비가 빛나고 있었습니다. 사람들은 왕자의 동상을 아주 좋아했습니다.[142]

그러나 왕자가 칼집에 있는 루비와 두 눈에 있는 사파이어, 그리고 온몸을 이루고 있는 금 조각들마저 가난한 사람들에게 나누어줌으로써 보기 싫은 잿빛이 되자 사람들은 행복한 왕자를 흉물로 취급하였다. 더 이상 '행복한 왕자'가 아닌 거지보다 나을 것 없는 존재라고 하며 왕자의 동상을 끌어내어 용광로에 넣어 녹여 버렸다. 그리고 용광로에서도 녹지 않은 왕자의 납으로 만든 심장은 왕자의 동상 아래에 죽어 있는 제비와 함께 쓰레기통으로 버려졌다.[143] 그러나 왕자는 칼집에 있는 루비와 두 눈의 사파이어, 그리고 온몸의 금 조각을 벗겨냄으로써 자신의 아름다움이 모두 사라졌음에도 불구하고 행복을 느낄 수 있었다.

제비는 왕자의 몸에서 금을 조각조각 떼어 냈습니다. 마침내 행복한 왕자는 아주 보기 싫은 잿빛이 되고 말았습니다. 제비는 금 조각들을 가난한 사람들에게 나누어주었습니다. 그랬더니 창백하던 아이들이 뺨을 장밋빛으로 빛내며 길가에서 즐겁게 웃으며 놀았습니다. "우리도 이제는 밥을 먹을 수 있게 되었어"하고 아이들은 소리쳤습니다.[144]

비록 왕자는 아름다움을 모두 잃었지만, 그의 아름다움은 가난한 사람들의 미소로 빛나게 된 것이다. 사람들은 흉물이 된 왕자의 동상을 용광로에 녹인 다음 녹지 않은 심장을 왕자의 동상 아래에 죽어 있는 제비와 함께 쓰레기통에 버림으로써 용도 폐기를 선언하였다. 하지만 왕자의 납으로 된 심장과 왕자의 충실한 친구로서 함께 목숨을 잃은 제비는 천국에서 빛나는 존재가 되었다.

"저 도시에 가서 제일 귀중한 것 두 개만 찾아오너라"하고 하느님이 천사에게 말했습니다. 천사는 납으로 된 심장과 죽은 새를 가져왔습니다. "오, 똑바로 잘 찾아왔구나. 작은 새는 내 낙원에서 언제까지나 노래 부를 것이요, 행복한 왕자는 내 황금의 도시에서 나를 찬미하리로다!" 하느님은 말씀하셨습니다.[145]

십 대 때부터 나의 마음에 자리 잡은 은혜로운 찬송가 가사가 있다.

주 안에 기쁨 누리므로 마음의 풍랑이 잔잔하니 세상과 나는 간 곳 없고 구속

한 주만 보이도다. 이것이 나의 간증이요, 이것이 나의 찬송일세. 나 사는 동
안 끊임없이 구주를 찬송하리로다.

예수님을 믿으면 어떤 상황에서도 평안을 누리고 이 세상에서도 천국
의 평안을 누리며 살 것이라고 기대한 것이다. 이 찬송가에 나오는 평안
은 지금도 간절히 기도하는 제목이다. 하지만 그것은 어려울지도 모른
다. 왜냐하면, 우리 현실에 놓인 길이 평탄하기만 한 것이 아니기 때문이
다. 더욱이 하나님 나라 확장을 꿈꾸며 기도하는 사람들에게 이 세상의
현실은 더욱 아프게 다가온다. 1885년 제물포항을 통해 이 땅에 발을 디
딘 선교사 언더우드(H. G. Underwood)는 1892년 미국신학교선교연맹 연례
보고에서 다음과 같이 말하였다.

> 여러분은 하나님께서 하늘을 열어 주실 것으로 기대하는가. 아니다. 하나님
> 께서는 오늘 우리 눈앞에 죽어가는 세계의 참상을 보여주신다.[146]

선교에 대한 뜨거운 사명과 함께 선교지에 대한 핑크빛 환상을 품고
있는 선교사 후보자들에게 선교지의 현실을 가르쳐 준 것이다. 이 말은
다만 언더우드가 살았던 시대의 제3세계에 국한된 것이 아니다. 오늘날
도 그렇다. 우리는 예배 시간에 성령께서 주시는 평안을 얻기 원한다. 때
로는 예배를 통해 마음의 위안과 새 힘을 얻고 교회 문을 나선다. 하지만
우리의 현실 속에서 언더우드가 말한 것 같은 현실을 목격한다. 그렇지
만 염세주의에 사로잡힐 수는 없다. 하나님 나라를 확장해야 하기 때문
이다.

행복한 왕자는 살아있을 때 궁전에서 화려하게 생활하며 궁전 밖 도시

의 슬픔은 알지 못했다. 사람들은 그런 그를 보고 '행복한 왕자'라고 불렀다. 그가 죽은 후 사람들은 그를 보석과 황금으로 치장한 동상으로 만들고는 '행복한 왕자'라고 불렀다. 하지만 그는 행복할 수 없었다. 궁전 밖 사람들의 참상을 보게 된 것이다. 그는 자신이 가진 모든 것을 나누어줌으로써 비로소 행복할 수 있었다.

누구나 행복한 삶을 살기 원한다. '세상과 나는 간 곳 없고 구속한 주님만 보이는 평안한 삶'을 살고 싶어 한다. 물질적으로도 풍족하다면 더할 나위 없다. 그러나 나 자신은 평안하고 풍족한 생활을 누린다 해도 이웃의 슬픔을 보아야 한다. 세계 곳곳의 참상을 볼 수밖에 없다. 이웃의 슬픔, 세계 곳곳의 참상을 보면서 우리는 함께 눈물 흘리지 않을 수 없다. 하나님께서 우리의 눈을 열어 주실 때 우리는 천국으로 향하는 화려한 계단이 아닌 '죽어가는 세계의 참상'을 보기 때문이다.

약 10년 전 나는 이상적인 교회 공동체의 모델을 찾기 위해 한동안 다양한 기독교 공동체를 찾아가 보았다. 그 가운데 하나가 오래전부터 한국교회의 기존 교단을 탈피하여 독자적인 예배 모임을 가지고 있는 공동체였다. 물론 이단은 아니다. 그곳에서의 예배[147]를 마친 후 50대 후반 신사 한 분이 활짝 웃으며 나에게 이런 말을 하였다.

가족들 다 데리고 우리 모임으로 나오세요. 저는 이곳에서 자유와 평안을 누리고 있습니다. 제가 누리는 평안을 전하고 싶습니다.

그 말을 들은 후 '과연 그가 말하는 평안이 성경에서 말씀하는 것일까?'라는 생각이 들었다. 그는 50대 후반의 성공한 사업가였다. 풍족한 생활과 안정된 노후가 보장되어 있었다. 그의 자녀는 명문대학교에 재학하고 있었다. 주일에 한 번 모이기 때문에 매이지 않는 신앙생활이 보장되어 있었다. 더욱이 담임 목회자가 없는 평신도 공동체이기 때문에 누구의 간섭도 받지 않는 신앙생활을 할 수 있었다. 그가 누리는 것은 '평안이 아닌 부담 없음, 평안이 아닌 편함이라고 해야 하지 않을까?'라는 생각이 들었다. 행복한 왕자가 살아있을 때 궁전 안에서 경험한 행복과 어떤 차이가 있을까?

살아있을 때 왕자가 누린 행복은 다른 사람의 눈에 보이는 행복이었다. 죽은 후에도 온갖 보석으로 장식한 동상으로 서 있었지만, 왕자는 행복하지 않았다. 다만 그를 보는 사람들만 일시적인 만족감을 느낄 뿐이었다. 오히려 왕자는 '도시의 온갖 비참함이 보이는 높은 곳'에서 눈물 흘렸다. 왕자는 그를 치장한 보석과 황금을 모두 나누어주고 자신은 초라한 모습이 됨으로써 비로소 행복을 느낄 수 있었다. 사람들은 그런 그를 거부하였지만, 하나님께서는 천국의 아름다운 곳에 그를 세우시고 그에게서 영광받으셨다.

우리가 그리스도인으로서 누리고 싶은 평안은 어떤 것일까? 일찍이 선교사 언더우드가 말한 것처럼 '하나님께서는 오늘 우리 눈앞에 죽어가는 세계의 참상을 보여주신다.' 죽어가는 세계의 참상에 눈 감고 누리는 평안은 성경에서 말씀하는 평안일 수 없다. 임마누엘 우리 주님 예수께서는 바로 그곳에 계시기 때문이다. 신앙생활은 우리 삶의 안락함과 풍요로움을 더해주는 문화일 수 없다. 신앙생활은 과감히 '궁전 밖의 세계로 나가는 삶'이다. 〈행복한 왕자〉의 저자인 오스카 와일드는 오늘날 우리에게 그것을 말하고 있지 않을까?

미주

1　권정생, 〈강아지 똥〉, 이철지 엮, 『권정생의 글 모음』 (서울: 종로서적, 1986), 21.

2　권정생, 〈강아지 똥〉, 21.

3　권정생, 〈강아지 똥〉, 20-21.

5　권정생, 〈강아지 똥〉, 21.

6　권정생, 〈강아지 똥〉, 21-22.

7　권정생, 〈강아지 똥〉, 22-23.

8　권정생, 〈강아지 똥〉, 23.

9　권정생, 〈강아지 똥〉, 24.

10　권정생, 〈강아지 똥〉, 24.

11　권정생, 〈강아지 똥〉, 24-25.

12　권정생, 〈강아지 똥〉, 19.

13　권정생, 〈오물덩이처럼 딩굴면서〉, 『권정생의 글 모음: 오물덩이처럼 딩굴면서』 (서울: 종로서적, 1986), 223.

14　이 단락은 2019년 10월 15일 「뉴스앤조이」에 〈권정생이 말하는 눈물 흘리시는 하나님 하나님께서 염원하시는 '샬롬'〉이라는 제목으로 수록된 글임을 밝혀 둔다.

15　조현, 『울림: 한국의 기독교 영성가들』 (서울: 한겨레출판, 2014), 27.

16　조현, 『울림: 한국의 기독교 영성가들』, 27.

17　조현, 『울림: 한국의 기독교 영성가들』, 27-28.

18　권정생, 『하느님의 눈물』 (서울: 산하, 2000), 15-18.

19　권정생, 『하느님의 눈물』, 10-11.

20　권정생, 『하느님의 눈물』, 12.

21　권정생, 『하느님의 눈물』, 12.

22　권정생, 『하느님의 눈물』, 13-14.

23　권정생, 『하느님의 눈물』, 15.

24　강인철, 『한국의 개신교회와 반공주의』 (서울: 중심, 2006), 15-33.

25　권정생, 〈유랑 걸식 끝에 교회 문간방으로〉, 『우리들의 하느님』 (서울: 녹색평론사, 2008), 20.

26　권정생, 〈나의 동화 이야기〉, 『권정생의 글 모음: 오물덩이처럼 딩굴면서』 (서울: 종로서적, 1986), 154.

27　권정생, 〈나의 동화 이야기〉, 222.

28　권정생, 〈나의 동화 이야기〉, 222.

29　이충렬, 『아름다운 사람 권정생』 (서울: 산처럼, 2018), 43.

30　이충렬, 『아름다운 사람 권정생』, 186-187.

31　점차 일직교회 문간방에서의 창작 생활이 쉽지 않음을 느낀 권정생은 1976년 일본에 사는 셋째 형

에게 경제적인 도움을 요청하였다. 셋째 형은 자신도 어려운 처지였지만 당시 30만 원이라는 적지 않은 돈을 보내줌으로써 권정생이 조그만 초가집을 살 수 있도록 해주었다. 이기영, 『작은 사람 권정생』, 262. 작은 형은 틈틈이 일본의 문학서적을 권정생에게 보내주는 등 그의 창작 생활에 도움을 주었지만, 권정생의 궁핍한 생활은 오로지 홀로 감당해야 했다. 1974년 이오덕이 이현주에게 권정생을 소개하면서 "일 년 총수입이 이천칠백 원이라 합디다"라고 한 것은 당시 권정생이 얼마나 궁핍한 생활을 하였는지 잘 말해준다. 이현주, 〈동화작가 권정생과 강아지 똥〉, 원종찬 엮, 『권정생의 삶과 문학』 (서울: 창비, 2013), 75. 이오덕을 만난 후 권정생은 간혹 이오덕에게 경제적 요청을 하기도 하였는데, 그때마다 이오덕은 소액이지만 도움을 베풀었다. 이오덕 · 권정생, 『선생님 요즘은 어떠하십니까』 (서울: 양철북, 2017)에 언급된 편지들을 참고하라.

32 권정생, 〈오물덩이처럼 딩굴면서〉, 『권정생 글 모음: 오물덩이처럼 딩굴면서』, 220.

33 권정생, 〈침묵하는 하느님 앞에서〉, 『권정생 산문집: 우리들의 하느님』, 46.

34 권정생, 〈동근이와 아기 소나무들〉, 『권정생 동화집: 먹구렁이 기차』 (서울: 우리교육, 2000), 16-17.

35 권정생, 〈동근이와 아기 소나무들〉, 18-19.

36 권정생, 〈동근이와 아기 소나무들〉, 20-21.

37 권정생, 〈동근이와 아기 소나무들〉, 21.

38 권정생, 〈동근이와 아기 소나무들〉, 22.

39 여기서 형을 언니로 표기하는 데에 대한 독자들의 혼동이 없기를 바란다. 권정생이 말하는 언니는 형을 의미한다. 과거 우리나라는 형을 언니라고 부르기도 하였다.

40 권정생, 〈산버들나무 밑 가재 형제〉, 『권정생 유년 동화집: 하느님의 눈물』 (서울: 산하, 2000), 93-94.

41 권정생, 〈산버들나무 밑 가재 형제〉, 94-97.

42 권정생, 〈산버들나무 밑 가재 형제〉, 98-99.

43 권정생, 〈산버들나무 밑 가재 형제〉, 100-101.

44 권정생, 〈산버들나무 밑 가재 형제〉, 103.

45 권정생, 〈산버들나무 밑 가재 형제〉, 104.

46 권정생, 〈산버들나무 밑 가재 형제〉, 105.

47 권정생, 〈산버들나무 밑 가재 형제〉, 106.

48 권정생, 〈산버들나무 밑 가재 형제〉, 108-109.

49 권정생, 〈산버들나무 밑 가재 형제〉, 110-111.

50 권정생, 〈하느님의 눈물〉, 15.

51 이현주, 〈동화작가 권정생과 강아지 똥〉, 원종찬 엮, 『권정생의 삶과 문학』 (서울: 창비, 2013), 83.

52 권정생, 〈오물덩이처럼 딩굴면서〉, 『권정생의 글 모음: 오물덩이처럼 딩굴면서』 (서울: 종로서적, 1986), 212.

53 이계삼, 〈진리에 가장 가까운 정신〉, 원종찬 엮 『권정생의 삶과 문학』 (서울: 창비, 2013), 125-146.

54 박완서가 아들의 죽음을 겪으면서 기록한 일기문이다. 그는 이 일기문을 가톨릭 잡지 『생활성서』에 1990년 9월부터 2년간 연재하였다.

55 권정생, 〈산버들나무 밑 가재 형제〉, 104-106.

56 권정생, 〈산버들나무 밑 가재 형제〉, 108-109.

57 권정생, 〈산버들나무 밑 가재 형제〉, 108-109.

58 이대근, 〈권정생, 그의 반역은 끝났는가〉, 원종찬 역, 『권정생의 삶과 문학』 (서울: 창비, 2013), 358-359.

59 권정생, 〈아기 산토끼〉, 『권정생 유년 동화집: 하느님의 눈물』 (서울: 산하, 2000), 67.

60 권정생, 〈아기 산토끼〉, 67-68.

61 권정생, 〈아기 산토끼〉, 68-69.

62 권정생, 〈아기 산토끼〉, 70.

63 권정생, 〈아기 산토끼〉, 70-71.

64 권정생, 〈아기 산토끼〉, 71.

65 권정생, 〈아기 산토끼〉, 71.

66 권정생, 〈아기 산토끼〉, 72.

67 권정생, 〈아기 산토끼〉, 73.

68 권정생, 〈그릇되게 가르치는 학부모들〉, 『빌뱅이 언덕』(서울: 창비, 2012), 213.

69 사우업, 〈제3제목은 가족이라〉, 『신학지남』 8권 제2호 (1926): 138.

70 사우업, 〈제3제목은 가족이라〉, 139.

71 김춘배, 〈장로회 총회애 올리는 말슴〉, 『기독신보』 8면 1934년 8월.

72 조선예수교장로회 편, 『조선장로회총회 제24회 회록 부록』, 85.

73 홍인표, 『여성과 한국교회』(서울: CLC, 2019), 20.

74 이덕주, 『초기 한국 기독교사 연구』(서울: 한국기독교역사연구소, 1995), 64.

75 김재준, 〈기독교의 건국이념〉, (1945년) 『장공 김재준 논문 선집』(오산: 한신대학교 출판부), 333-334.

76 김재준, 『범용기』(서울: 풀빛, 1983), 327.

77 김재준, 『범용기』, 327.

78 홍인표, 〈김재준의 공산주의 이해〉, 『한국교회사학회지』 34 (2013): 357.

79 권정생, 〈굴뚝새〉, 『권정생 유년 동화집: 하느님의 눈물』(서울; 산하, 2000), 51.

80 권정생, 〈굴뚝새〉, 52.

81 권정생, 〈굴뚝새〉, 55-56.

82 권정생, 〈굴뚝새〉, 56.

83 권정생, 〈굴뚝새〉, 57.

84 권정생, 〈바닷가 아이들〉, 『권정생 동화집: 바닷가 아이들』(서울: 창비, 2005), 83-104

85 권정생, 〈바닷가 아이들〉, 103-104.

86 권정생, 〈바닷가 아이들〉, 104.

87 권정생, 〈똘배가 보고 온 달나라〉, (1977) 권정생 외 3인 저, 『동화집: 똘배가 보고 온 달나라』(서울: 창비, 2111), 50-52.

88 권정생, 〈똘배가 보고 온 달나라〉, 52.

89 권정생, 〈똘배가 보고 온 달나라〉, 53.

90 권정생, 〈똘배가 보고 온 달나라〉, 54.

91 권정생, 〈똘배가 보고 온 달나라〉, 54.

92 권정생, 〈똘배가 보고 온 달나라〉, 55.

93 권정생, 〈똘배가 보고 온 달나라〉, 55-56.

94 권정생, 〈똘배가 보고 온 달나라〉, 56.

95 권정생, 〈똘배가 보고 온 달나라〉, 56-61.

96 권정생, 〈똘배가 보고 온 달나라〉, 61-62.

97 권정생, 〈똘배가 보고 온 달나라〉, 62.

98 권정생, 〈똘배가 보고 온 달나라〉, 62-63.

99 권정생, 〈똘배가 보고 온 달나라〉, 63-64.

100 권정생, 〈똘배가 보고 온 달나라〉, 64.

101 권정생, 〈똘배가 보고 온 달나라〉, 65.

102 권정생, 〈똘배가 보고 온 달나라〉, 65–66.

103 권정생, 〈똘배가 보고 온 달나라〉, 66.

104 권정생, 〈똘배가 보고 온 달나라〉, 66.

105 권정생, 〈나의 동화 이야기〉, 『권정생 산문집: 빌뱅이 언덕』 (서울: 창비, 2012), 17.

106 〈권정생 연표〉, 원종찬 엮, 『권정생의 삶과 문학』 (서울: 창비, 2013), 381.

107 권정생 · 원종찬 대담, 〈저것도 거름이 돼 가지고 꽃을 피우는데〉, 『권정생의 삶과 문학』, 47.

108 권정생, 〈침묵하는 하느님 앞에서〉, 『우리들의 하느님』 (서울: 녹색평론사, 2008), 46.

109 이계삼, 〈진리에 가장 가까운 정신〉, 『권정생의 삶과 문학』, 128.

110 그의 신앙적 고뇌가 언급된 대표적인 글이 그가 1980년대에 쓴 〈처음으로 하느님께 올리는 편지〉이다. 이 글에서 권정생은 "(하느님은) 커다란 부자 나라의 아버지도 되시고, 조그맣고 가난한 그런 나라의 아버지도 되신단 말입니까? 분명히 알고 싶습니다"라고 하며 하느님께 원망의 말을 늘어놓았다. 그가 이러한 원망의 말을 늘어놓은 이유는 자신의 질박한 환경을 원망하려고 한 데 있지 않았다. 이른바 기독교 국가로 알려진 서양 제국주의 국가들에 의해 점령당한 약소국가들에 대한 안타까움, 분단국가인 우리나라의 현실, 그리고 현대사의 비극 속에서 슬픈 삶을 살아가는 이웃들에 대한 안타까움의 발로였다. 권정생은 '하느님 나라'가 이 세상에 이루어지기를 염원하며 이 글을 맺었다. '하느님 아버지께서 까마득한 옛날에 보내주신 외아들 예수님의 간곡한 기도가 꼭 이루어지게 해주십시오. 결코, 하느님은 독생자 예수님을 버리지 않으셨고, 우리 가난한 겨레를 버리지 않으셨다는 것을 확인시켜 주십시오. 그렇게 해서, 이 빌배산 밑 외딴집에 홀로 살고 있는 저도 즐겁게 아름다운 얘기를 쓸 수 있게 해주십시오. 하느님, 꼭 부탁드립니다. 그러면 오늘 밤부터 별을 쳐다보며 기다리겠습니다. 하느님 나라가 이 땅 위에 이루어지기를 손꼽아 기다리겠습니다.' 권정생, 〈처음으로 하느님께 올리는 편지〉, 『권정생의 글 모음: 오물덩이처럼 딩굴면서』, 이철지 엮 (서울: 종로서적, 1986), 171–175.

111 1972년 권정생의 작품 〈무명저고리와 엄마〉를 읽고 그를 찾아간 이오덕은 이렇게 말하였다. "나는 그때, 다만 동화를 쓰기 위해서 세상에 태어난 듯한 이 작가가 깜빡거리는 목숨의 불을 간신히 피워 가면서 40년 가까운 반생을 온갖 신체적 물질적 또 정신적 고통 속에 얼마나 처절한 생활을 하여 왔는가 하는 것을 비로소 알게 되었다. 어쩌면 그는 우리 민족의 온갖 불행을 한 몸에 지고 안고서 살고 있는 것 같았다." 이오덕, 〈대추나무를 붙들고 온 동화작가〉, 『권정생의 글 모음: 오물덩이처럼 딩굴면서』, 298. 1986년 권정생을 인터뷰한 『동아일보』 편집위원인 이시현 또한 권정생의 생활에 대하여 이렇게 밝힌 바 있다. "청년 시절에 결핵에 걸려 초기에 치료를 제대로 못하여 만성적으로 고생을 하고 있다는 그는 얼마 되지 않는 원고료와 군에서 생활보호 대상자인 그에게 지급하는 쌀과 보리 12kg, 연탄값 7천 원 등으로 가까스로 생활을 꾸려 가고 있다. 비좁은 방 한구석, 봉지에 든 식은 군고구마 몇 개가 눈길을 끈다." 이시현, 〈가난, 병고 속의 순수 동화작가〉, 이철지 엮, 『권정생의 글 모음: 오물덩이처럼 딩굴면서』, 291. 1970년대를 거쳐 1980년대에 이르렀을 무렵 권정생은 자못 저명한 아동문학가였지만, 질박한 삶을 이어 나갔다. 이후 더욱 풍족한 생활이 가능해졌을 때도 권정생은 그다지 변함없는 생활을 이어 갔다.

112 권정생, 〈아기 늑대 세 남매〉, 『권정생 유년 동화집: 하느님의 눈물』 (서울: 도서출판 산하, 2000), 146–147.

113 권정생, 〈아기 늑대 세 남매〉, 148.

114 권정생, 〈아기 늑대 세 남매〉, 153.

115 권정생, 〈아기 늑대 세 남매〉, 159.

116 권정생, 〈아기 늑대 세 남매〉, 151–155.

117 권정생, 〈아기 늑대 세 남매〉, 156.

118 권정생, 〈아기 늑대 세 남매〉, 156–157.

119 권정생, 〈아기 늑대 세 남매〉, 158.

120 권정생, 〈아기 늑대 세 남매〉, 158.

121 권정생, 〈아기 늑대 세 남매〉, 160-171.

122 권정생, 〈아기 늑대 세 남매〉, 172.

123 권정생, 〈아기 늑대 세 남매〉, 172-173.

124 한국기독교역사연구소, 『한국 기독교의 역사 Ⅰ』(서울: 기독교문사, 1999), 209.

125 〈Missionary Union in Korea〉, *The korea Review*, Sep, 1905, pp342-343. 한국기독교역사연구소, 『한국 기독교의 역사 Ⅰ』, 209 재인용.

126 한국기독교역사연구소, 『한국 기독교의 역사 Ⅰ』, 211.

127 권정생, 〈종달이 아저씨네〉, 『권정생 동화집: 바닷가 아이들』(서울: 창비, 2005), 26.

128 권정생, 〈종달이 아저씨네〉, 27.

129 권정생, 〈종달이 아저씨네〉, 28.

130 권정생, 〈종달이 아저씨네〉, 28-29.

131 권정생, 〈종달이 아저씨네〉, 29.

132 권정생, 〈종달이 아저씨네〉, 31-32.

133 권정생, 〈종달이 아저씨네〉, 34.

134 권정생, 〈종달이 아저씨네〉, 34-35.

135 권정생, 〈종달이 아저씨네〉, 35.

136 권정생, 〈나의 동화 이야기〉, 『권정생의 글 모음: 오물덩이처럼 딩굴면서』 이철지 엮 (서울: 종로서적, 1986), 154.

137 오스카 와일드, 〈행복한 왕자〉, 『오스카 와일드 동화집: 행복한 왕자』 이지민 역 (서울: 창비, 2004), 20.

138 오스카 와일드, 〈행복한 왕자〉, 10-12.

139 오스카 와일드, 〈행복한 왕자〉, 12.

140 오스카 와일드, 〈행복한 왕자〉, 20.

141 오스카 와일드, 〈행복한 왕자〉, 9-10.

142 오스카 와일드, 〈행복한 왕자〉, 5.

143 오스카 와일드, 〈행복한 왕자〉, 12-25.

144 오스카 와일드, 〈행복한 왕자〉, 21.

145 오스카 와일드, 〈행복한 왕자〉, 25.

146 〈한국〉, 『미국신학교선교연맹 연례보고서』, 피츠버그: 머독과 케르 출판사, 1892.

147 그 공동체에서는 예배라는 용어 대신 '집회'라는 용어를 사용한다.

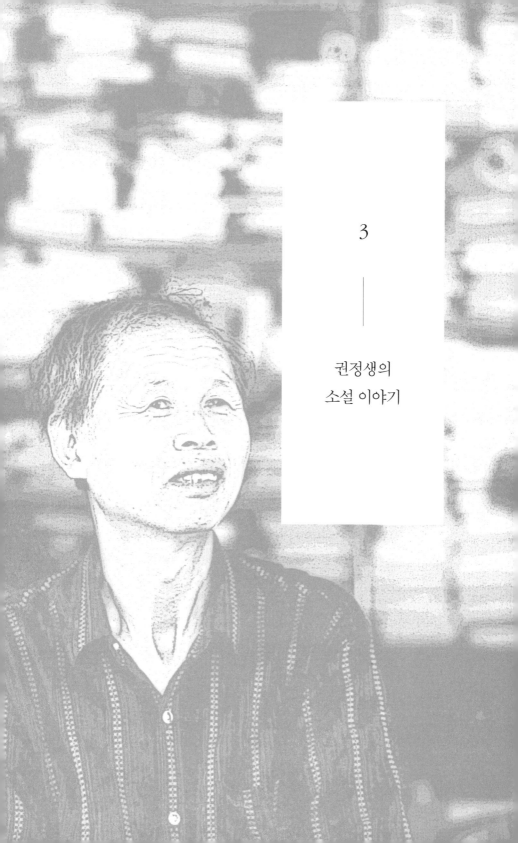

3

—

권정생의
소설 이야기

몽실언니

권정생의 소년 소설 『몽실언니』는 해방 직후와 한국전쟁, 그리고 1980년 대까지 한국 현대사를 배경으로 한 대작이다. 그러므로 이 단락에서 『몽실언니』의 줄거리 전반을 언급하는 것은 가능하지 않다. 하지만 이 작품에서 권정생이 말하려고 한 중요한 메시지를 찾아보는 것은 가능할 것이다. 이 작품에서 권정생이 말하려고 한 가장 중요한 것은 그의 '평화 염원'이라고 본다. 『몽실언니』에서 권정생은 '이념을 초월하여 사람과 사람으로 만남으로써 평화를 이룰 수 있음'을 말하고 있다. 권정생은 이 작품에 등장하는 여자 인민군의 입을 빌어 "몽실아, 사람은 누구나 처음 본 사람도 사람으로 만났을 땐 다 착하게 살 수 있어. 국군이나 인민군이 서로 만나면 적이기 때문에 죽이려 하지만 사람으로 만나면 죽일 수 없단 다"[1]라고 한 것이다. 권정생이 이렇게 말한 이유는 그의 한국전쟁 경험과 무관하지 않다. 그의 이야기를 들어 보자.

> 6 · 25 때는 피난을 갔다가 들어오니까 마을 사람들 사이에서 인민군을 만난 얘기가 자연스럽게 나와요. 여자 인민군이 '찔레꽃' 노래도 잘 부르고 시간만 있으면 밭도 매 주고 먹을 거 있으면 나눠 먹고 그래 좋았는데 왜 인민군을 나쁘다고 그래야 하나 그래 얘길해요.[2]

박완서의 자전 소설인『그해 겨울은 따뜻했네』에는 주인공인 저자가 한국전쟁 당시 피난을 가지 못하고 공산정권 치하 서울에서 국군이 수복하기 전까지 지냈던 이야기가 언급되어 있다. 당시 스무 살이었던 저자가 거리에 나가서 인민군 몇 명이 지나가는 것을 쳐다보았을 때 인민군 가운데 한 사람이 이렇게 말하였다는 것은 나에게 신선한 충격을 주었다. "뭘 보오? 인민군대 처음 보오?"[3] 이전까지 인민군이라고 하면 민간인들에게 폭력을 행사하고 여성을 강간하는 등 광포한 존재로 인식하고 있었기 때문이다. 권정생과 박완서 등이 직접 경험한 인민군이 그동안 (1970–80년대) 제도권 교육과 매스컴을 통해 인식한 인민군과 차이가 있음을 알게 된 것이다.[4]

이 단락은 작품의 줄거리 가운데 몽실이가 여자 인민군을 만나게 된 이야기를 중심으로 살펴보려고 한다. 한국전쟁 당시 몽실이는 고아와 다름없는 처지였다. 몽실이의 아버지는 국군으로 징집되었고 몽실이의 생모 밀양댁은 살길을 찾아 남편을 떠나 다른 마을 김 씨에게 개가를 한 후 몽실이의 남동생 영득이를 낳고 얼마 지나지 않아 세상을 떠났다. 몽실이의 새어머니인 북촌댁 또한 건강이 좋지 않아 몽실이의 배다른 여동생인 난남이를 남기고 세상을 떠났다. 몽실이는 난남이를 업고 다니며 얻어먹기도 하고 남의 집 일을 거듦으로써 먹을 것을 얻어다가 난남이를 부양하며 살아가야만 했다.

어느 날 몽실이는 자신에게 친절을 베풀어주는 장골 할머니의 오두막을 찾아갔다. 하지만 할머니는 출타 중이었고 그곳에는 여자 인민군 두 사람이 있었다. 그 가운데 한 사람이 몽실이에게 친절을 베풀어준 것이다. 이들의 대화를 들어 보자.

여자 인민군: 저녁 먹었니?

몽실이: ……

여자 인민군: 왜 못 먹었니?

몽실이: 할머니한테 식량을 얻으러 왔어요. 난남이 죽을 끓여줘야 해요.

여자 인민군: 난남이라니, 아기 이름이니?

몽실이: 예.

여자 인민군: 어머니와 아버진?

몽실이: 어머닌 돌아가셨어요. 그리고 아버진 어리론지 가 버렸어요.

여자 인민군: 그러니? 좀 기다려라. 너희 집으로 가자. 여긴 지금 긴한 의논
　　　　　을 하고 있으니까 더 있을 수 없단다.[5]

여자 인민군은 자신의 배낭에서 쌀과 미숫가루를 덜어 담은 다음 몽실이의 손을 잡고 몽실이의 집으로 갔다. 몽실이는 여자 인민군을 만나기 직전 면사무소의 면장과 지서의 순경 등이 인민군에 의해 죽는 것을 목격하였다. 하지만 몽실이에게 국군으로 징집된 아버지에 대하여 "어디론가 떠났다"라고 말하라고 당부하는 등 인민군이 장악한 마을에서 몽실이가 위험에 처하지 않도록 도움을 준 인민군 청년의 친절 또한 경험하였다. 그로 인해 몽실이는 인민군에 대하여 혼란스러운 생각을 하게 되었다.[6] 몽실이는 자신에게 친절을 베푸는 여자 인민군과 대화를 나눔으로써 다소나마 생각을 정리할 수 있었다.

몽실이: 언니도 국군과 싸우러 왔어요?

여자 인민군: 으응…, 그래.

몽실이: 인민군은 왜 사람을 죽여요?

여자 인민군: 언제 죽이는 걸 봤니?

몽실이: 아까 해 질 녘에 앞 냇가에서 죽였잖아요. 면장 아저씨랑 순경 아저
씨랑 더 많이 죽였잖아요. 앵두나무집 할아버지가 그토록 죽이지 말
라고 말렸는데도….

여자 인민군: 앵두나무집 할아버지가 누구니?

몽실이: 까치바위골에 살고 계셔요. 아들이 공비였어요.

여자 인민군: 뭐라고? 공비라니… 그렇게 말하면 큰일 나요. 인민 해방군이
라 해야 한다. 그런데….

몽실이: 그 할아버지가 묶여 있는 사람들을 살려 달라고 대장 아저씨한테 애
원했어요. 죽이지 말라고요. 언니는 못 보셨어요?

여자 인민군: 못 봤어. 정말 그랬니?[7]

이 말을 하는 여자 인민군은 몹시 슬픈 표정을 지었다. 마침내 몽실이
는 자신이 품고 있는 의문을 여자 인민군에게 질문으로 털어놓았다.

몽실이: 인민군 언니, 국군하고 인민군하고 누가 더 나쁜 거예요? 그리고 누
가 더 착한 거예요? 왜 인민군은 국군을 죽이고, 국군은 인민군을 죽
이는 거여요?

여자 인민군: 몽실아, 정말은 다 나쁘고 다 착하다.

몽실이: 그런 대답이 어디 있어요?

여자 인민군: 국군 중에도 나쁜 국군이 있고 착한 국군이 있지. 그리고 역시
인민군도 나쁜 사람이 있고 착한 사람이 있어. 몽실아, 사람은
누구나 처음 본 사람도 사람으로 만났을 땐 다 착하게 사귈 수
있어. 그러나 너에겐 좀 어려운 말이지만, 신분이나 지위나 이

득을 생각해서 만나면 나쁘게 된단다. 국군이나 인민군이 서로 만나면 적이기 때문에 죽이려 하지만 사람으로 만나면 죽일 수 없단다. 알아듣겠니?

몽실이: 조금밖에 모르겠어요.

여자 인민군: 그럴 거야.

몽실이: 언니도 인민군인데 조금도 무섭지 않아요. 돌아가신 우리 어머니 같아요.[8]

잠시 후 여자 인민군은 아름다운 음성으로 노래를 불렀다. "찔레꽃 붉게 피는 남쪽 나라 내 고향, 언덕 위에 초가삼간 그립습니다…"[9] 한밤중이 되어 여자 인민군은 곤히 잠든 몽실이를 흔들어 깨웠다.

여자 인민군: 몽실아, 언니는 지금 떠나야 한단다. 자는 걸 깨워서 미안하다.

몽실이: 어디로 가셔요? 또 오셔요?

여자 인민군: 그건 모른다. 내가 장골 할머니 집에 식량을 좀 두고 갈 테니까 난남이 잘 키우고 꿋꿋하게 살아라.

몽실이: 언니, 언니 이름이 뭔지 가르쳐 주세요.

여자 인민군: 최금순이야, 뒤에 또 만날지도 모르니까 잘 있어.[10]

몽실이와 여자 인민군의 대화에서 여자 인민군이 말한 '사람과 사람으로서의 만남', 그리고 '국군과 인민군으로서의 만남'에 대하여 고민해 보지 않을 수 없다. 국군과 인민군으로서의 만남은 이념의 옷을 입은 만남, 상대에 대하여 적의를 품도록 강요된 만남일 수밖에 없다. 이 작품에서 권정생은 공산주의건 혹은 자본주의건 이념을 명목으로 발생하는 증오와 적개심을 반대한다.

여자 인민군을 통해 권정생이 말해준 평화에 대하여 생각해 보며 한국 사회의 뿌리 깊은 이념에 따른 분열과 적개심에 안타까움을 느끼지 않을 수 없다. 그리고 한국 사회에서 이념으로 인한 적개심에서 가장 자유롭지 못한 곳은 어디일까 생각해 본다. 안타깝지만 한국교회가 아닐까. 그러한 사실에 대하여 단죄할 수만은 없는 이유가 있다. 그것은 한국 현대사에서 한국교회가 경험한 공산주의자들과의 관계에서 갖게 된 트라우마 때문이다.

한국교회는 일제 강점기에 공산주의자들과 충돌하였을 뿐만 아니라, 간도에서는 그들에 의해 목숨을 잃는 등 막대한 피해를 보았다. 해방 후에는 소련이 장악한 북한에서 극심한 억압을 받았다. 한국전쟁 동안 남북한 기독교인들은 막대한 인적, 물적 피해를 보아야만 했다. 그로 인해 한국전쟁 이후 한국교회는 세계에서 찾아보기 힘든 강경한 반공주의를 내포하게 됨으로써 비성경적 가치 또한 내포하게 되었다. 그것은 이른바 '공산주의 공포증'에 인한 '증오와 배척'이다. 1990년대 이후 냉전시대가 종식되었지만, 한국교회는 그로부터 여전히 벗어나지 못하고 있다. 한국교회 모두가 아닌, 일각이라 해도 말이다. 그로 인해 한국 사회의 화합을 위한 소임을 충실히 감당하지 못하고 있음을 부인할 수 없다.

한국교회에 내포된 '증오와 배척'이라는 비성경적 가치를 버리고 성경의 핵심적 가치인 평화(샬롬)를 내포하는 방법을 어떻게 찾을 수 있을까? 그에 대한 첫걸음으로 이 작품에서 여자 인민군이 말한 것처럼 '사람과 사람으로의 만남'을 한국교회가 적용하면 좋겠다는 생각을 해 본다. 그리스도인과 비그리스도인에 따른 구분을 넘어, 이념에 따른 구분을 넘어 '하나님의 형상으로 창조된 사람과 사람의 만남'으로 말이다.

‘증오와 배척’이라는 비성경적 가치를 버리고 ‘평화’라는 성경적 가치를 내포하는 것은 한국교회의 회복을 의미하기도 한다. 왜냐하면 복음을 회복하는 것이기 때문이다. 이념의 시각으로 보는 복음이 아니라 하나님께서 성경에서 말씀해 주신 복음으로 말이다. 여자 인민군을 통해 권정생이 들려준 말이 한국교회에 가슴 깊은 울림으로 다가오기를 간절히 염원해 본다.

사람은 누구나 처음 본 사람도 사람으로 만났을 땐 다 착하게 사귈 수 있어. 신분이나 지위나 이득을 생각해서 만나면 나쁘게 된단다. 국군이나 인민군이 서로 만나면 적이기 때문에 죽이려 하지만 사람으로 만나면 죽일 수 없단다.

더불어 사는 삶

『강아지 똥』을 처음 대하는 독자들은 '어쩌면 이렇게 작품이 주옥같을까?'하는 감탄을 하게 된다. 그러나 권정생의 작품을 점점 깊이 읽어 감에 따라 독자들은 권정생의 동화가 단순히 아름다운 감동을 주는 작품에 머물지 않음을 알게 된다. 권정생의 작품에 깊은 관심을 가지고 읽는 가운데 그의 동화들이 불편한 작품, 무거운 작품으로 이해됨을 깨닫기 때문이다. 권정생 자신의 자서전을 〈오물덩이처럼 딩굴면서〉라고 명명했다는 사실은 그가 우리에게 보여주려는 문학세계를 암시하고 있다. 그는 자신의 동화에 대해 이렇게 말하였다.

나의 동화는 슬프다. 그러나 절대 절망적인 것은 없다.[11]

역설적이게도 권정생 동화가 어린이뿐만 아니라 어른들에게도 읽히게 된 이유는 이처럼 그의 동화가 슬프기 때문이라고 본다. 그의 동화가 슬픈 이유는 그의 작품 대부분의 주제가 한국인이라면 누구나 체험한 고난이기 때문일 것이다.[12]

『강아지 똥』 출간을 계기로 동화작가로 알려지기 시작한 권정생은 '아름다움 인식'에 대한 새로운 눈을 뜨게 되었다. 사람들로부터 환호받는, 세상의 화려한 것들로부터 아름다움을 느끼는 것이 아니라, 세상의 버려진 것들로부터 아름다움을 느끼게 된 것이다. 그의 작품 『강아지 똥』의 소재가 똥 중에서 가장 천대받는 '강아지 똥'이라는 사실에서 알 수 있듯이 권정생의 작품을 이해하려면 세상에서 버려진 것들로부터 아름다움을 느낄 수 있어야 한다. 권정생의 작품이 불편한 이유는 그의 소재에서 전쟁을 제외할 수 없다는 사실에도 있다. 그의 이야기를 들어 보자.

> 누구라도 자신이 어느 정도 경험한 얘기라야만 소재를 잡아서 쓸 수 있겠죠. 나는 일본에서도 전쟁을 겪고, 여기 와서도 6 · 25전쟁을 겪었기 때문에 전쟁이라는 걸 평생 가져갈 수밖에 없어요.[13]

권정생은 자신의 작품 소재를 그가 겪은 태평양전쟁과 한국전쟁으로 국한하지 않았다. 그의 작품 『무명저고리와 엄마』에는 구한말 동학전쟁부터 산업화시대의 월남전쟁까지의 이야기가 한 다락, 한 단락 압축되어 있다. 그 이유는 권정생이 자신의 이웃들의 체험을 소재로 작품을 썼기 때문이다. 그가 만난 사람 가운데는 구한말 동학전쟁에 참여하고 패잔병이 되어 지리산 깊은 산중에 숨어 사는 어른[14], 아들을 월남전쟁에 보낸 후 권정생에게 편지 대필을 부탁하다가 얼마 후 '전사 통지'를 받는 가정 등이 있었다. 그들의 체험은 권정생 문학의 소재가 되어 독자들이 한국 근현대사 이면의 사건들을 이해할 수 있도록 해주었다.

권정생의 작품에서 전쟁을 소재로 한 작품으로는 한국전쟁을 소재로 한 작품들이 가장 많다. 그중에서 『몽실언니』가 가장 널리 알려져 있다. 그렇지만 여기서 소개하려고 하는 『점득이네』 또한 한국전쟁을 소재로 한 권정생의 작품 가운데 중요하다고 본다. 『점득이네』에는 한국전쟁을 통해 점득이 남매가 겪은 고난이 자세히 묘사되어 있다. 이 작품에서 권정생은 한국전쟁 중 점득이 남매를 통해 여러 가지 사건을 언급하였지만, 나는 이 작품에서 권정생의 문학 사상 중 하나인 상호부조(相互扶助)를 중심으로 언급하려고 한다.

권정생의 작품 속에서 발견되는 상호부조의 특징은 부유한 사람이 가난한 사람을 돕는 것이 아니라 어려운 처지에 놓인 사람들끼리 서로 도우며 살아가는 것이다. 이 작품의 중심인물인 점득이와 점례는 점득이나이 여섯 살 때 아버지를 잃었다. 해방을 맞은 그해 겨울, 십 년 넘게 살아온 만주를 떠나 고향으로 돌아오다가 국경에서 소련군이 쏜 총에 아버지를 잃은 것이다.[15]

한순간에 가장을 잃고 놀랄 겨를도 없이 급히 숙식을 해결할 곳을 찾아야 했던 점득이 남매의 어머니는 아이들과 함께 국경 근처 마을 노부부의 작은 오두막집에 며칠 동안 묵으면서 도움을 받는다. 노부부 또한먹을 것이 변변치 않고 입고 있는 옷은 누더기였다. 할아버지 또한 병들어 누워있었다. 노부부는 일제에 의해 징용으로 잡혀간 후 소식이 없는아들과 딸을 기다리며 살고 있었다. 할아버지가 누워있는 이유가 '일제에 의해 4년 동안 감옥 생활을 하면서 병을 얻었기 때문'이고 '왜놈들에게 밉게 보여서 아들은 물론 딸까지 징용으로 끌려갔다는 사실'에서 노부부가 항일 활동을 한 이들이었음을 알 수 있다. 자신들조차 시래기죽으로 연명하는 어려운 처지이지만 노부부는 점득이 가족을 닷새 동안 보살펴 주었다.[16] 그리고 앞으로 마음을 단단히 먹고 살아갈 수 있도록 점득이 가족에게 용기를 불어넣어 주었다.

사는 데까지 사는 거지. 버티고 버티면 끝장날 때가 있을 테니까. 벌써 5천 년을 버티어 온 우리니까, 앞으로도 견뎌낼 거요.[17]

노부부 또한 압록강 국경 마을에 살면서 일제의 수탈을 겪었을 뿐만 아니라 자녀까지 빼앗겼다. 해방군이라는 명목으로 들어온 소련군은 사람들의 금품을 빼앗았을 뿐만 아니라[18], 점득이 아버지의 목숨을 빼앗았을 만큼 사람의 목숨을 가볍게 여겼다. 점득이 가족이 떠나는 날 할머니는 자신들조차 자주 먹지 못하는 '수수쌀로 지은 밥'을 보자기에 싸 주면서 점득이와 점례에게 이렇게 당부하였다.

> 너희들은 사이좋게 살아야 한다. 남매끼리 살아야만 힘이 강해지고 그래야만 우리나라가 튼튼해지는 거다.[19]

이 말은 어린 남매에게 해주는 단순한 격려이기도 하지만 장차 점득이 남매의 삶을 암시한 것이기도 하였다. 본래 점득이 가족은 아버지의 고향으로 갈 계획이었지만 소련군에 의해 아버지를 잃게 되자 어머니의 고향으로 가기로 하였다. 어머니의 고향은 삼팔선 이남이었다. 기차를 타고 며칠 동안 가야 하는 길이었다.

추운 겨울 노부부의 오두막으로부터 백 리 길 넘게 떨어진 기차역으로 가는 동안 점득이 가족을 도와준 사람은 시골 장터 떡 가게 아주머니였다. 그녀는 식어 버린 수수밥 도시락을 먹으려는 점득이 가족에게 떡 가게 한 켠을 내어 주고 따뜻한 뭇국을 대접하여 주었다. 본래 떡 가게 아주머니는 점득이 가족을 떡 사려는 손님으로 알고 반가워했다가 곧 실망했지만, 점득이 가족이 어려운 처지라는 것을 알고 식사를 할 수 있도록 가게 한 켠을 내주었을 뿐만 아니라, 가정으로 데리고 가서 저녁 식사를 대접한 후 하룻밤 묵을 수 있도록 배려해 주기까지 하였다.[20] 점득이 가족이 압록강 국경을 넘어 귀국했을 때 처음 만난 노인 부부가 일제에 의해 징용으로 끌려간 자녀를 기다리는 것처럼, 떡 가게 아주머니 가족 또한 일본으로 돈 벌러 간 가장을 기다리는 처지였다.[21]

새해 2월 1일, 온갖 고생 끝에 점득이 가족이 고향에 도착했을 때 동네 아이들은 점득이 가족을 "만주 거지"라고 부르며 조롱하였다. 그러나 그 아이들도 가난하기는 마찬가지였다. 오히려 점득이 외삼촌의 도움으로 두부 장사를 하여 끼니를 이을 수 있었던 점득이네보다 더 가난한 가정이 많았다. 먹을 것이 없어서 점득이네 집에 바가지를 들고 와서 비지를 얻어갈 정도였다.[22]

점득이네 가족이 고향에 정착했을 때 그들을 따뜻하게 맞이해 준 이들은 마찬가지로 가난한 사람들이었다. 점득이 가족은 잠시 외삼촌 집에서 신세를 진 후 독립하여 세를 얻는다. 허물어져 가는 초가집 주인인 판순이네 가족도 너무나 가난한 삶을 꾸려 갔지만, 점득이 가족과 한 가족처럼 지내면서 서로의 아픔을 보듬었다. 이후 폭격으로 인해 점득이네 어머니와 판순이네 할머니가 죽은 후에도 판순이는 점득이 남매와 한 가족 같은 존재가 되었다.

이 작품에서 권정생은 이데올로기 문제 등 다양한 문제를 언급하였다. 그러나 나는 이 작품에 언급된 이데올로기 문제 등에 대한 이야기는 다음으로 미루고 이 단락에서는 더불어 살아가는 삶, 즉 공존(共存)에 대하여 언급하고 싶다. 권정생은 이렇게 말한다.

공존은 성스럽다. 이웃사랑은 남의 것을 빼앗지만 않으면 된다. 되로 주고 말로 빼앗아 가는 자선사업은 가장 미워해야 할 폭력행위이다.[23]

인간의 고통은 결국 불공평한 분배라는 불편한 관계에 있음을 권정생은 말한 것이다. 이와 같이 불편한 관계의 청산은 무엇보다 공감(共感)이 이루어질 때 가능하다. 권정생은 이러한 공감을 인간 사이뿐만 아니라 자연으로까지 확대한다.

> 고통을 겪는 것은 우리 인간만이 아니다. 한 포기의 나무와 꽃과 풀도 끊임없이 시달리며 살고 있다.[24]

'장애물을 하나 넘고 나면 더 큰 장애물이 우리를 가로막고 있다'[25]라는 권정생의 말은 우리 삶을 볼 때 동의하지 않을 수 없다. 그리스도인도 '무슨 일을 만나든지 만사형통'한 삶을 살지는 않는다. 이런 측면에서 예수께서 말씀하신 제자도가 더욱 절실히 와닿는다. '누구든지 나를 따라 오려거든 자기를 부인하고 자기 십자가를 지고 나를 따를 것이니라'(마 16:24). 그리스도인의 삶은 자기 부인이 요구되기에 그야말로 십자가를 지는 삶이다.

그러나 그리스도인이 아닌 이들에게도 자기 십자가가 존재한다. 다만 차이가 있다면 그리스도인은 더욱 적극적으로 자기 십자가를 감당해야 하는 사람이라는 데 있다. 즉 그리스도인은 삶 속에서 경험한 고난을 도피하기보다는 믿음으로 감당하여 극복하는 사람이라는 것이다. 이런 측면에서 권정생은 모범적인 인물이다. 자신의 삶 속 경험에서 권정생이 더불어 사는 삶, 공감을 말하는 것은 당연하다.

이 작품에서 점득이 가족은 자신들처럼 가난한 사람으로부터 도움을 받으며 살아간다. 점득이와 점례, 그리고 판순이가 각각 어머니와 할머니를 잃고 실제로 자신들을 착취하는 고아원을 나온 후 그들이 만난 그들에게 도움을 베푸는 이들은 모두 무허가 움막을 짓고 사는 피난민들이었다. 자신도 하루 벌어 하루 먹고살지만, 고아원에서 나온 아이들에게 군용 천막을 사 주고 기꺼이 며칠 동안 숙식을 해결해 준 박 씨 아저씨, 아이들이 움막집을 세우고 자립할 수 있도록 길을 열어 준 석탄 장수 아주머니 등이 그렇다.

점득이와 점례, 그리고 판순이가 움막을 짓기 위해 땅을 고를 때, 지저분하게 널려져 있는 오물들을 버려야 했다. 그때 머리칼이 하얗게 센 할머니 한 분이 베풀어준 친절은 더 이상 떨어질 곳 없는 극빈한 피난민이 베풀어주는 최대의 호의였다. 다리 밑 구석에 오물을 버리려고 했을 때 근처에 사는 아주머니가 화를 내며 반대하였지만, 할머니 한 분의 호의로 그곳에 오물을 버리고 움막을 세울 수 있었다. 석탄 장수 아주머니와 다리 밑 아주머니, 그리고 할머니의 대화를 들어 보자.

"여기 쓰레기 버리는 게 누구얏!"

"미안합니다. 저기 빈자리에 움집을 지으려니 쓰레기를 치워야 해서 그렇습니다."

"하지만 남의 집 앞에 가져오면 어떻게 하나요? 다른 데로 가져가세요."

"여기밖에 버릴 데가 없습니다. 집 앞이라도 이만큼 떨어진 곳이니 양해해 주십시오."

"얘야, 어쩔 수 있냐? 다 같은 피난민인데 불편해도 함께 살아야지."[26]

다리 밑 아주머니를 부드럽게 타이르는 할머니를 보면서 순간 판순이는 눈물을 흘릴 뻔했다. 미군의 폭격으로 돌아가신 할머니가 생각났기 때문이다.[27] 이 작품에서 발견되는 민초들의 도움은 권정생의 경험이 투영되었다고 본다. 권정생 또한 3개월간 집을 나가 노숙 생활을 했을 때 농촌의 가난한 사람들의 도움으로 연명할 수 있었다. 권정생이 일직교회 종지기로 자리 잡았을 때 가난한 교인들이 끼니를 챙겨주기도 하는 등 민초들의 도움으로 살림을 꾸려 나갈 수 있었다. 당시 일직교회 교인들의 가난한 살림에 대하여 권정생은 이렇게 회상하였다.

교인들은 모두 가난하고 슬픈 사연들을 지니고 있어 가식이 없는 대화를 나눌 수 있었고, 그중에 6 · 25 때 남편을 잃고 외딸을 하나 데리고 살던 김아무개 집사님의 찬송가 소리는 가슴이 미어지도록 애절했다. 새벽 기도 시간이면 제일 늦게까지 남아서 부르던 '고요한 바다로' 찬송가는 그분의 전속 곡이었다. 마지막 4절의 "이 세상 고락 간 주 뜻을 본받고 내 몸이 의지 없을 때 큰 믿음 줍소서" 하면서 흐느끼던 모습은 보는 사람들을 숙연하게 했다. 가난한 사람의 행복은 이렇게 욕심 없는 기도를 할 수 있기 때문이다. 새벽 기도가 끝나 모두 돌아가고 아침 햇살이 창문으로 들어와 비출 때, 교회 안을 살펴보면 군데군데 마룻바닥에 눈물 자국이 얼룩져 있고 그 눈물은 모두가 얼어 있었다. 60년대 교회는 참 가난했다. 그러나 그때의 교회는 따뜻한 정이 있었다. 당시의 교회 회계장부를 들춰 보면 누가 몇백 원 빌려 갔다가 언제 갚았다는 기록이 종종 보인다. 어려운 교인들에게 교회 재정에서 꾸어주고 되돌려 받고 했던 것이다.[28]

이 작품이 끝나기까지 점득이 남매와 판순이는 결코 부유한 누군가로부터 도움을 받지 않는다. 보육원에 있을 때 점득이는 타고난 아름다운 음성을 가졌기 때문에 미군 장교의 호의로 미국 유학 기회를 얻었지만 거절하고 누나와 함께 고향으로 돌아갈 길을 찾으며 자신처럼 불우한 친구인 찬수를 보듬으며 하루하루를 살았다.[29]

오랜 시간이 흐르고 판순이는 여러 식당을 전전하며 허드렛일을 하다가 마침내 자수성가하여 혼자의 몸으로 대학생 아들을 뒷바라지하며 식당을 운영하는 중년이 되었다. 어느덧 점득이 남매와 헤어진 지 30년이 되었다. 어느 날 시장에 가기 위해 집을 나선 중년의 판순이의 귀에 '가거라 삼팔선'을 부르는 약간 쉰 남자의 목소리가 들렸다. 그것은 판순이도 자주 흥얼거리는 가요였다.[30]

아 아 어느 때나 깨지려는가.
삼팔선 세 글자를 누가 지었소.
이다지 고개마다 눈물이던가.
손 모아 비나이다. 손 모아 비나이다.

판순이는 노래를 부르는 남자와 옆에 있는 여인을 시각장애인 거지 부부[31]로 생각하며 두 사람 앞에 놓인 플라스틱 바구니에 천 원 종이돈을 정성껏 놓았다. 헝클어진 파마머리의 점득이 누나 점례의 공손한 인사를 받고 그 자리를 떠나 온 판순이는 문득 그 거지 부부처럼 보인 이들이 점득이 남매가 아닌가 생각하며 그 자리로 뛰어왔지만 점득이 남매를 찾을 수 없었다. 판순이는 노란색 바구니에 돈 천 원만 놓고 와 버린 것이 후회스러웠다.[32]

가난한 사람들이 떠밀려 와 사는 얼룩덜룩한 판잣집 동네, 슬레이트와 함석 조각과 너덜너덜한 비닐 조각이 얼기설기 덮인 판잣집에서 점득이 남매는 찬밥과 라면으로 저녁 식사를 마친 후 다정한 이야기를 나누었다.

"점득아, 오늘 이걸(천 원) 주고 간 아주머니가 참 고마웠어. 점득아, 내일은
네 덧저고리 하나 살 텐데 어떤 빛깔로 할까?"

"누나가 좋으면 아무거나 골라."

"하지만 네가 좋아하는 걸 말해 봐."

"난, 그냥 까만색이면 좋아."

"아니야, 까만 건 너무 어두워. 노랑으로 하자, 응?"

"그럼 노랑으로 해."

"판순인 아직 부산에 그냥 살고 있을까?"

"그때 우리가 찾아가 보니 없었잖아."

"판순이라도 한 번 만나 봤으면 좋을 텐데….".[33]

권정생은 점득이 남매가 생활의 기반을 잡은 판순이를 만나서 도움을
받는 내용을 언급하지 않은 채 이 작품을 종결하였다. 독자들은 장차 점
득이 남매가 극적으로 판순이와 반가운 재회를 하고 궁핍한 생활을 벗어
나는 상상을 할 수도 있다. 그렇지만 여기서 권정생은 점득이 남매가 궁
핍하지만 끝까지 자신의 삶을 꾸려 나가는 모습을 말하고 싶었는지도 모
른다. 그의 작품의 궁핍한 등장인물들이 부유한 누군가의 도움으로 척박
한 현실을 벗어나는 언급은 찾아볼 수 없다. 그럼에도 불구하고 그들은
주체적인 삶을 끝까지 충실하게 영위한다. 이 작품의 점득이 남매를 통
해서 볼 수 있는 것처럼 말이다.

권정생의 동화 『눈길』에 등장하는 넝마주이 아저씨 또한 가난한 농사
꾼의 오막집에서 이따금 감자나 조밥덩이를 얻어 요기를 하지만 감사의
마음을 잊지 않는 사람이었다.[34] 그리고 부모를 잃은 아기 소쩍새, 눈이
먼 두더지, 길을 잃은 꾀꼬리, 한쪽 날개를 다친 아기 제비, 고슴도치, 청

개구리, 아기 도마뱀을 돌보며 살아간다. 이들은 사냥꾼의 총에 다치거나 전쟁으로 인해 보금자리와 가족을 잃은 가엾은 생명들이었다. 이들을 최선을 다해 돌봐주고 싶었지만, 넝마주이 아저씨가 할 수 있는 일은 다친 자리에 고약을 발라주고 따뜻하게 위로해 주는 것밖에 없었다.[35]

어느 날 이들에게 도움의 손길이 다가왔다. 따뜻한 남쪽 나라의 왕자가 이들을 데리고 가서 먹을 것과 입을 것, 잠잘 곳 걱정 없는 생활을 보장해 주려고 한 것이다. 그렇지만 넝마주이 아저씨와 아기 동물들은 도움의 손길을 거절하였다.[36] 척박한 환경 속에서도 그들은 서로 보듬음으로 주체적인 삶을 살려고 한 것이다. 이들의 대화를 들어 보자.

> 아기 제비: 아저씨, 난 날개가 이젠 아프지 않아요. 언제까지나 이러고만 있어 되겠어요? 어서 날아가서 둥지를 짓고….
>
> 아기 도마뱀: 나도 배가 아프지 않아요. 저 눈 속 차가운 풀밭이지만 기어 다녀 보겠어요.
>
> 아기 꾀꼬리: 우리 모두, 눈 속이지만 날아 보자. 저 산봉우리에 올라가서 노래도 부르자. 그러면 눈이 그칠 거야. 땅에선 새싹이 돋을 거야.
>
> 아기 동물들: 우리가 왕자님을 따라 남쪽 나라에 안 가길 잘했지? 그래, 눈이 내리고 추워도 여긴 우리 땅이야.[37]

이렇게 아기 동물들이 제각기 정답게 이야기하는 동안 구름이 조금씩 걷혀 가기 시작하였다.[38] 권정생 작품에서 나타나는 공통점이 이와 같다. 권정생의 친한 벗이었던 이현주가 표현한 것처럼 '그의 동화에 나오는 주인공들은 한결같이 못나고 병신스럽고 거칠고 쓸쓸하다.'[39] 이들은 서로 보듬음으로 어려움을 극복한다. 이는 권정생의 경험에서 비롯되었다. 그의 작품에서 부유한 누군가로부터 도움을 받아 일어서는 인물은 등장하지 않는다. 척박한 환경에서도 서로 보듬으며 자신의 삶을 충실히 산다. 점득이 가족이 그렇고 넝마주이 아저씨가 그렇고 그의 작품에 등장하는 수많은 이들이 그렇다. 권정생은 우리에게 그것을 말하고 있다. 그의 작품을 통해서, 그의 삶을 통해서 말이다.

일직교회에서

끝없는 사랑

이 단락에서 나는 권정생의 작품 가운데 이른바 '끝없는 사랑'을 가르쳐 주고 있는 『해룡이』 이야기를 하려고 한다. 물론 권정생의 동화 작품 대부분이 사랑을 말하고 있지만, 이 작품은 어느 작품보다도 깊고 끝없는 사랑, 아가페의 본질에 가까운 사랑을 말하고 있다고 보기 때문이다.

해룡이는 일곱 살 되던 해 마을을 휩쓴 전염병으로 부모님과 여동생 용순이마저 잃고 장주사의 집에서 십삼 년 동안 머슴살이를 하고 있었다. 비록 남의 집 머슴살이를 하는 처지였지만, 사람들은 근면 성실하고 잘생겼을 뿐만 아니라, 건강하고 성품까지 좋은 해룡이를 좋아하였다. 어느덧 나이 스물이 넘어가면서 해룡이는 장가를 가고 싶은 생각이 들기 시작했다. 그가 마음을 두고 있는 여인은 같은 마을 큰 기와집 식모로 있는 소근네였다. 소근네는 나이 열일곱 살로 이제 갓 피어난 꽃봉오리처럼 고운 처녀였다. 소근네 또한 해룡이처럼 고아였는데, 그녀는 해룡이와 마주치면 수줍음을 느끼고 고개를 숙이곤 하였다.[40]

서로 마음을 두고 있었지만, 고백하지 못하고 있던 두 사람은 소근네와 같은 큰 기와집에서 머슴살이를 하는 만덕의 도움으로 가정을 이루었다. 해룡이가 소근네와 신접살림을 차릴 때는 쌀 두어 섬밖에 가진 것이 없었고 장주사 댁 문간방에서 기거했지만, 1년 후 예쁜 딸 옥이를 낳았다. 또 1년 후에는 장주사 댁을 나와 비록 초가삼간이지만, 자신들만의 보금자리를 꾸몄다. 그해부터는 머슴살이를 그만두고 비록 소작이지만, 따로 농사를 짓기 시작했다. 그로부터 또 3년이 지나는 동안 해룡이와 소근네는 아들 둘을 더 두었고 각각 만석이, 천석이로 이름을 지었다.[41]

어려운 살림에도 부지런히 돈을 모아 논 다섯 마지기를 사서 열심히 일하며 좋은 남편과 아버지로 행복한 삶을 살던 해룡이에게 불행이 찾아왔다. 맏딸 옥이가 여섯 살 되던 해 어느 날, 왼쪽 무릎에 이상을 느낀 해룡이는 다음 날 아침 일찍 의원을 찾아가서 진단을 받은 후 '마목(문둥병의 일종)'에 걸렸다는 청천벽력 같은 이야기를 들었다. 자신에게 닥친 불행을 차마 가족에게 말할 수 없었지만, 어느덧 가족에게도 숨길 수 없을 만큼 얼굴에 증세가 나타나기 시작했다.[42]

해룡이는 가족을 위해 추수를 서두르고 초가지붕의 이엉도 갈아 덮고 아내와 아이들의 설빔을 준비하는 등 가족의 월동 준비를 서둘러 마친 후 어느 날 새벽 다음과 같은 짤막한 편지를 아내 소근네에게 남기고 집을 떠났다.[43]

옥이 어머니, 아이들을 잘 부탁하오. 병이 나으면 돌아오리다. 그러니 걱정 말고 나를 찾지 말기 바라오.

아침에 일어난 소근네는 해룡이가 몰래 떠날 것을 이미 어느 정도 짐작하고는 있었지만, 기어코 맏딸 옥이를 붙잡고 울음을 터뜨리고 말았다. 옥이와 만석이, 그리고 천석이도 울음을 터뜨렸다. 옥이와 만석이는 그래도 또렷이 아버지를 기억할 수 있었지만, 해룡이가 집을 나갈 때 갓 돌이 지난 천석이는 아버지의 모습이 아득하게만 생각되었다.[44]

해룡이가 집을 나간 후 10년이 흐르고 옥이는 열일곱 살 처녀가 되었다. 만석이도 아버지를 닮은 미남자로 자랐다. 천석이도 그러하였다. 소근네는 얼굴에 주름살이 빠르게 늘어났다. 집을 나간 남편을 향한 그리움이 그녀를 한결 늙게 한 것이었다. 그녀는 이렇게 다짐하면서 10년을 버텨 왔다.[45]

아이들이 다 자라서 저들대로 살게 되면, 제가 당신을 찾아가겠어요. 이 하늘 밑 어디까지라도 당신을 찾아가겠어요.

그해 겨울 눈 내리는 어느 날 밤 소근네와 세 자녀가 사는 집을 향해 피곤한 다리를 절뚝거리며 걸어오는 걸인이 있었다. 그는 사립문을 소리 나지 않게 밀치고 안으로 들어가서는 안방 문 앞에 놓인 여자 고무신 두 켤레와 사랑방 문 앞에 놓인 남자 고무신 두 켤레를 가만히 만져 보았다. 속으로 이렇게 말하는 그의 눈자위는 촉촉이 젖어 왔다.[46]

옥이가 제 어머니만큼 자랐구나. 그리고 만석이도 천석이도 저만큼, 저만큼이나 컸고….

그는 주위를 둘러보았다. 변한 것은 아무것도 없었다. 다만 방문 앞에 놓인 신발들의 크기만 변했을 뿐, 그는 이렇게 속으로 "소근네, 고마워. 정말 고마워"라고 말하면서 숨죽이고 방문 앞으로 다가섰다. 소근네의 신발을 쓰다듬어 보고 옥이의 신발을 만져 보았다. 그런 다음 품속에서 무언가를 꺼내어 방문 앞에 놓아두었다. 그리고 만석이와 천석이의 신발을 가만히 만져 본 후 조용히 사립문 밖으로 나갔다. 그리고 한 번 돌아본 후 골목길로 사라졌다.[47]

아침에 옥이가 방문을 열고 나왔을 때 문 앞 디딤돌에 놓인 빨간 주머니 하나가 보였다. 소근네는 옥이가 들고 들어온 주머니를 받는 순간 이상하게 가슴이 두근거렸다. 주머니 속에는 차곡차곡 정성껏 묶은 돈다발이 들어있었고 주머니 밑바닥에는 다만 두 글자가 쓰여 있는 종이쪽지가 있었다.[48]

'해룡.'

10년 전 집을 나갈 때 써 두고 간 쪽지편지 글씨와 똑같은 '해룡' 두 글자를 본 소근네는 버선발로 무작정 골목길을 쫓아 나갔다. 옥이도 그 뒤를 따라갔다. 동구 밖 한 길까지 나갔지만, 눈 덮인 고갯길에는 아무도 없었다. 한밤에 내린 함박눈이 해룡이가 남긴 발자국을 흔적도 없이 덮어 버렸기 때문이었다.[49]

권정생의 작품에는 슬픔이 기쁨으로 변하는 반전이 거의 발견되지 않는다. 권정생 스스로 '나의 동화는 슬프다. 그러나 절대 절망적인 것은 없다'[50]라고 한 것은 이런 측면에서 충분히 이해된다. 그의 작품 『해룡이』는 이러한 권정생의 말에 딱 맞는 작품이다.

이 작품에는 슬픔이 기쁨으로 변하는 반전이 아니라, 오히려 기쁨이 슬픔으로 변하는 반전이 일어난다. 불과 일곱 살에 가족을 잃고 남의 집 머슴살이를 하며 고생스러운 삶을 산 해룡이가 예쁜 소근네를 만나 가정을 이루고 자신의 집과 논을 마련하고 자녀를 낳아 소박한 행복을 누리는 것으로 이 작품이 종결되지 않는다. 작가는 해룡이를 나병에 걸리고 가족과도 헤어지는 스토리로 설정함으로써 그의 운명을 가혹하게 끌고

갔다. 그러나 그것이 절망을 의미하지는 않는다. 비록 나병에 걸려 가족을 떠나야 했지만, 멀리서 가족을 지켜보며 가족을 위해 끝없는 사랑을 베푸는 가장의 모습을 보여주었다. 나병에 굴복한 절망의 인물이 아닌 가장으로서 최선을 다하는 강한 인물을 권정생은 보여준 것이다. 권정생의 작품에 나오는 많은 이들이 그렇다. 슬픔이 기쁨으로 변하는 반전은 없지만, 슬픔에 굴복하지 않고 그 속에서 절망이 아닌 희망을 누린다.

해룡이는 강한 부모를 상징하는 인물이다. 자녀의 행복은 부유한 환경보다는 강한 부모로부터 애정 넘치는 양육의 유무가 더욱 좌우한다고 본다. 내가 좋아하는 동요가 있다. 노래의 제목은 '노을 지는 강가에서'[51] 인데 엄마 아빠 손을 잡고 노을 지는 강가를 거닐며 즐거운 시간을 보내는 딸아이의 모습이 잘 묘사되어 있다.

나는 이 노래를 들을 때마다 중산층 이상 가정의 부모와 초등학생 딸아이의 모습을 상상하곤 하였다. 적어도 중산층 되는 경제적 여건이 자녀에게 행복을 누릴 수 있도록 해주는 중요한 요소라고 생각해 왔기 때문이다. 그러나 『해룡이』를 읽은 후 그런 선입견에서 벗어날 수 있었다. 넉넉하지 않아도 자녀를 극진히 사랑하는 부모라면 얼마든지 이처럼 행복한 시간을 가질 수 있고 자녀에게 아름다운 추억을 만들어 줄 수 있음을 깨달은 것이다.

어려운 환경을 딛고 한 가정의 가장이 된 해룡이는 남부럽지 않은 행복한 삶을 누렸다. 해룡이가 뒤꼍에 심은 감나무, 살구나무에서는 여름 동안 과일이 열렸다. 천성이 부지런한 해룡이는 앞산 밭에 조도 심고 고추도 심었을 뿐만 아니라, 가재 개울 건너 논에서는 벼를 거둬들임으로, 가을 앞마당은 따사롭기만 하였다. 눈 내리는 겨울밤에는 콩을 볶아 먹으며 식구들이 오순도순 재미있는 옛이야기도 하고 윷놀이도 벌였다.[52]

해룡이는 누구보다도 좋은 남편, 자상한 아버지였다. 자녀가 성장기에 부모로부터 받은 이와 같은 사랑은 후에 자녀들이 건강하게 성장할 수 있는 자양분이 되기에 충분하다. 그런 행복이 오래 지속된 것은 아니지만, 해룡이는 자녀들이 안정감을 가지고 강하게 자랄 힘을 충분히 공급해 준 것이다. 비록 문둥병에 걸려 가족을 떠나 떠돌아다니는 몸이 되었지만, 해룡이는 멀리서 지켜보며 가족을 위해 끝없는 사랑을 공급하였다. 그는 문둥병에 걸린 무너져 내리는 몸이지만 누구보다도 강한 인물이었다. 소근네와 세 자녀는 그가 떠난 그곳에서 해룡이를 기다렸다. 그들은 비록 서로 떨어져 있지만, 어느 가정보다도 더 큰 신뢰와 사랑으로 하나 된 가족이다.

권정생 작품 『해룡이』는 세상에서 가장 불행한 듯하지만, 행복한 가정 이야기를 하고 있다. 권정생의 작품에는 슬픔에서 기쁨으로의 반전이 거의 보이지 않는다. 그렇지만 슬프다고 해서 불행한 것은 아니다. 해룡이 가족처럼 말이다. 권정생이 말한 것처럼 그의 동화는 슬프지만 결코 절망은 없다. 슬픔 속에서도 희망을 말한다. 해룡이가 보여준 것처럼 끝없는 사랑이 있는 한 말이다.

미주

1 권정생, 『몽실언니』(서울: 창비, 2003), 108.

2 권정생·원종찬, 〈권정생 인터뷰: 저것도 거름이 돼 가지고 꽃을 피우는데〉, 원종찬 엮 『권정생의 삶과 문학』(서울: 창비, 2013), 53.

3 박완서, 『그해 겨울은 따뜻했네』(서울: 세계사, 2000). 이 작품을 읽은 지가 오래되어서 언급된 본문을 찾기가 쉽지 않아 자세한 출처를 언급하지 못하고 작품 제목과 출판사, 그리고 출판연도까지만 언급함을 밝혀 둔다.

4 이에 대하여는 나의 어머니의 경험을 잠시 언급하는 것이 도움이 되리라고 생각한다. 1941년에 황해도에서 태어난 나의 어머니는 한국전쟁 이전에 북한에 거주하시다가 1·4 후퇴 때 부모님의 손을 잡고 피난 오신 실향민이다. 당시 피난지였던 대전에서 어머님은 중공군을 수차례 만난 경험이 있다고 하셨는데, 이 말을 들은 나와 나의 누나는 "엄마! 무섭지 않았어?"라고 질문을 하였다. 그때 어머니는 "무섭긴, 착하더라"라고 대답하셨다. 어렸을 때는 어머니의 대답을 이해할 수 없었지만, 권정생의 한국전쟁 경험을 비추어 봄으로써 당시 어머니의 대답을 이해할 수 있었다.

5 권정생, 『몽실언니』, 103-104.

6 권정생, 『몽실언니』, 95-100.

7 권정생, 『몽실언니』, 106-107.

8 권정생, 『몽실언니』, 107-108.

9 권정생, 『몽실언니』, 109.

10 권정생, 『몽실언니』, 109-110.

11 권정생, 〈나의 동화 이야기〉, 『권정생의 글 모음: 오물덩이처럼 딩굴면서』, 이철지 엮 (서울: 종로서적, 1986), 155.

12 권정생, 〈나의 동화 이야기〉, 155-156.

13 권정생, 〈원종찬과의 인터뷰: 저것도 거름이 돼 가지고 꽃을 피우는데〉, 원종찬 엮, 『권정생의 삶과 문학』(서울: 창비, 2013), 53.

14 권정생이 만난 그 노인에 따르면 구한말 동학군이 되어 관군과 싸웠던 이들을 '빠란구이'로 일컬었다고 한다. 권정생은 한국전쟁 때 지리산에서 그를 한 번 만났다고 하는데, 그가 처음에는 동학혁명 실패 후 지리산 깊은 골짜기에 숨어 살았지만, 당시에는 그곳에 터전을 잡고 산에서 나무를 베어 구유나 지게를 만들어서 팔아 생계를 유지했다고 한다. 권정생, 〈원종찬과의 인터뷰: 저것도 거름이 돼 가지고 꽃을 피우는데〉, 66.

15 권정생, 『점득이네』(서울: 창작과 비평사, 1998), 7-8.

16 권정생, 『점득이네』, 8-15.

17 권정생, 『점득이네』, 14-15.

18 해방 직후 평안도에서 목회 활동을 한 한경직은 이렇게 회고하였다. "소련이 여러 나라가 아니요? 아마 중앙아시아의 소수 민족들을 모두 다 내보냈나 봐요. 그리고 그때 '다와이'란 소련 말을 배웠는데, 시계를 보기만 하면 그저 빼앗았어요." 이만열, 〈원로와의 대담: 한경직 목사를 만남〉, 『한국 기독교와 역사』 1호(1991): 154.

19 권정생, 『점득이네』, 19.

20 권정생, 『점득이네』, 20–23.

21 권정생, 『점득이네』, 24.

22 권정생, 『점득이네』, 37–39.

23 권정생, 〈나의 동화 이야기〉, 『오물덩이처럼 딩굴면서』, 이철지 엮 (서울: 종로서적, 1986), 156.

24 권정생, 〈나의 동화 이야기〉, 156.

25 권정생, 〈나의 동화 이야기〉, 156.

26 권정생, 『점득이네』, 212–213.

27 권정생, 『점득이네』, 213.

28 권정생, 〈우리들의 하느님〉, 『권정생 산문집: 우리들의 하느님』 (서울: 녹색평론사, 2008), 23.

29 권정생, 『점득이네』, 186–194.

30 권정생, 『점득이네』, 240–244.

31 점득이는 어렸을 때 폭격으로 인해 시력을 잃고 말았다.

32 권정생, 『점득이네』, 245–247.

33 권정생, 『점득이네』, 250–251.

34 권정생, 〈눈길〉, 『권정생 동화집: 먹구렁이 기차』 (서울: 우리교육, 2000), 116.

35 권정생, 〈눈길〉, 117–124.

36 권정생, 〈눈길〉, 130–135.

37 권정생, 〈눈길〉, 137–139.

38 권정생, 〈눈길〉, 139.

39 이현주, 〈동화작가 권정생과 강아지 똥〉, 원종찬 엮, 『권정생의 삶과 문학』 (서울: 창비, 2013), 80.

40 권정생, 〈해룡이〉, 『권정생 동화집: 사과나무밭 달님』 (서울: 창작과 비평사, 2003), 133–136.

41 권정생, 〈해룡이〉, 142–143.

42 권정생, 〈해룡이〉, 143–154.

43 권정생, 〈해룡이〉, 154–155.

44 권정생, 〈해룡이〉, 156–157.

45 권정생, 〈해룡이〉, 157.

46 권정생, 〈해룡이〉, 157–158.

47 권정생, 〈해룡이〉, 158–160.

48 권정생, 〈해룡이〉, 160.

49 권정생, 〈해룡이〉, 161.

50 권정생, 〈나의 동화 이야기〉, 『권정생 산문집: 빌뱅이 언덕』 (서울: 창비, 2012), 17.

51 1991년 KBS 창작동요제 입상곡이다. 김봉학이 작사, 작곡하였고 당시 중대부속초등학교 5학년이던 조문희가 불렀다.

52 권정생, 〈해룡이〉, 145

4

———

권정생의
동시 이야기

에덴동산[1]

1972년에 출간된 권정생의 동시집 『산비둘기』에는 '에덴동산'을 묘사한
두 편의 동시가 수록되어 있다. 성경에서 말씀하는 에덴동산을 정확히
묘사하는 것은 어렵다. 다만 알 수 있는 사실은 에덴동산이 하나님과 대
면하여 이야기를 나눌 수 있는 곳이라는 것이다. 이 단락에서는 권정생
의 동시 두 편을 통해 그가 생각하는 에덴동산에 대하여 생각해 보려고
한다.

모래밭에

민이는 이만치 크게
우리 예배당

준이는 더 더 크게
하나님 집

햇볕 쨍쨍
여름 한낮

두꺼비 집 질까?

굼벵이 집 질까?

영이는 조그많게

아기 예수의 집

사과나무 감나무

꽃포기도 심고

물총새 날아가는

냇가 모래밭에

에덴동산이

만들어졌다.[2]

　마치 어린아이의 순수한 생각을 옮겨 놓은 듯한 권정생의 에덴동산 묘
사를 보며 미소를 머금게 된다. '민이는 이만치 크게 우리 예배당'이라는
표현에서 나의 어린 시절의 한 장면을 보는 듯하기 때문이다. 어린 시절
작은 임대교회에 다녔던 나는 큰 교회에 다니는 친구들이 우쭐거리는 모
습을 보면서 '우리 교회도 빨리 큰 예배당을 지었으면 좋겠다'라는 생각
이 들었다. 하지만 지금 나는 어린 시절 작은 교회에서 선생님으로부터
받은 사랑을 생각할 때마다 가슴 뭉클한 감사함을 느낀다. 그곳에서 아
름다운 동심을 가꿀 수 있었기 때문이다. 어른이 되어서도 마음 깊은 곳
에 간직하고 있는 동심은 무엇과도 바꿀 수 없는 소중한 보물이다. 나에

는 특히 두 가지 측면에서 그렇다. 하나는 동심을 통해 '이 세상을 살아갈 수 있는 힘을 공급받는다'라는 측면에서 그렇고, 다른 하나는 동심을 통해 '하나님의 마음을 더욱 느낄 수 있다'라는 측면에서 그렇다.

하나님의 집을 '더 더 크게 만드는 준이의 모습'에서는 동심의 가장 순수한 모습을 보는 듯하다. 어린이의 상상 속에서 하나님은 참으로 크신 분이다. 하나님의 집을 얼마나 크게 만들어야 할까. 그러나 '만유 (Universal)보다 크신 하나님' 등의 표현은 어린이에게 피상적인 이해로 다가온다. 오히려 어린이들은 하나님을 친근하게 생각하기 때문에 가시적인 존재로 생각하기도 한다. 다만 구체적으로 하나님의 모습을 알 수 없기에 하나님의 집을 '예배당보다 더 더 크게 만들어야 한다'고 함으로써 하나님의 거룩하신 속성을 표현한다.[3] 이는 지극히 동심에 기반된 하나님 인식이다.

'햇볕 쨍쨍 여름 한낮 두꺼비 집 질까? 굼벵이 집 질까?' 이 표현에서는 권정생의 생태의식이 나타난다. 농촌에서 농민의 아이들을 가르쳤던 권정생에게 생태적 사고는 누구보다도 자연스러운 것이었다. 권정생이 생각하는 에덴동산은 굼벵이와 두꺼비 같은 동물과도 공존하는 곳이다. 이처럼 인간과 동물이 조화를 이루며 사는 모습은 창세기 1장에 묘사된 에덴동산에 비추어 볼 때 자연스럽다.

'아기 예수의 집'을 조그맣게 만드는 영이의 모습은 어린이의 지극히 맑은 동심과 함께 어린 시절 성탄절 연극에서 아기 예수님을 대신하여 인형을 사용했던 모습을 떠올리도록 한다. 주일학교에서 어린이들에게 연극을 가르치고 함께 연극에 참여했던 권정생의 경험이 여기서 잘 드러난다. 아기 예수님이 계신 작은 집 마당에는 사과나무, 감나무, 꽃포기도 심어 예쁘게 가꾼다. 어느덧 '물총새 날아가는 냇가 모래밭에 에덴동산이 만들어졌다.' 모래밭은 황무지 같은 곳이다. 그러나 맑은 동심은 황무지 위에 하나님이 기뻐하시는 에덴동산을 만들었다.

초록 아파트

초록 이파리
모자이크

까치 아가들이
갸웃갸웃
내다보는
동그란 창문

파란 커튼을
드리운
꾀꼬리님 방

하루 종일
예쁜 가락
피아노 소리

불붙는 듯
뜨거운 볕에

솔개 아저씨가

불러온

소낙비 소방대

쏴아쏴아

물 뿌리고

지나간 다음

열린 창문마다

무지개 핀다.

여름살이

즐거운

초록 아파트

밤낮 노랫소리

그치지 않는

에덴동산의

정다운 식구.[4]

앞서 언급한 동시와 마찬가지로 이 작품에도 권정생의 생태의식이 잘
드러난다. 권정생은 새들이 사는 초록빛 숲을 '초록 아파트'라고 비유하
였다. 이 작품에 나오는 세계는 참으로 평화롭다. 높은 나뭇가지에 지은

둥지에서 까치 아가들이 갸웃갸웃 내려다보는 모습은 생각만 해도 사랑스럽다. 꾀꼬리가 사는 둥지는 무성한 푸른 잎에 가려져 보이지 않지만, 그곳에서 마치 피아노 연주를 하듯 온종일 예쁜 노래를 부른다.

견디기 어려운 여름 한낮에는 솔개 아저씨가 소낙비 소방대를 몰고 와서 쏴아쏴아 물을 뿌려서 열기를 가라앉혀 준다. 자연의 법칙에서는 다른 새들에게 천적인 솔개가 이 작품에서는 까치 아가들, 꾀꼬리 등 숲속 새들이 쾌적한 삶을 살도록 도움을 준다. 동심의 세계에서는 이처럼 서로 해함이 없이 돕고 살아가는 삶이 가능하다. 안도현의 동시에도 그러한 표현이 언급되어 있다. 〈나무 잎사귀 뒤쪽 마을〉이 대표적인 작품이다. 이 작품에서는 '앞다리가 날카로운 사마귀'가 나무 잎사귀 뒤쪽 마을 주민인 다른 벌레들이 안전하게 살 수 있도록, 마을 입구에서 지켜준다.[5]

시원하게 소나기가 퍼부은 뒤 초록 숲은 아롱아롱 무지개가 수놓은 아름다운 광경을 연출한다. 그래서 더운 여름살이도 숲속 주민인 새들에게는 즐겁기만 하다. 초록 아파트에서 밤낮 노랫소리가 그치지 않는 이유가 여기에 있다. 이렇게 아름다운 숲속은 그야말로 하나님께서 처음 만드신 에덴동산이다.

권정생이 말하는 에덴동산은 동심으로 가득한 곳이다. 사람과 온갖 동물이 어우러져 행복하게 사는 곳이다. 나는 하나님의 나라를 생각할 때마다 이 말씀이 떠오른다.

그때에 이리가 어린 양과 함께 살며 표범이 어린 염소와 함께 누우며 송아지와 어린 사자와 살진 짐승이 함께 있어 어린아이에게 끌리며 암소와 곰이 함께 먹으며 그것들의 새끼가 함께 엎드리며 사자가 소처럼 풀을 먹을 것이며 젖 먹는 아이가 독사의 구멍에서 장난하며 젖 뗀 어린아이가 독사의 굴에 손을 넣을 것이라. 내 거룩한 산 모든 곳에서 해 됨도 없고 상함도 없을 것이니 이는 물이 바다를 덮음같이 여호와를 아는 지식이 세상에 충만할 것임이니라 (사 11:6-9).

이 말씀에서 나에게 감동을 특히 주는 것은 '이리가 어린 양과 함께 살며 표범이 어린 염소와 함께 누우며 송아지와 어린 사자가 살진 짐승과 있어 함께 어린아이에게 끌리며 암소와 곰이 함께 먹으며 그것들의 새끼가 함께 엎드리며'라는 표현이다. 강자와 약자가 없는 나라, 여기서 육식동물은 강자를 의미하고 초식동물은 약자를 의미할 것이다. 하나님이 다스리는 나라는 강자와 약자가 없는 나라이다. 억압과 착취가 없는 나라이다. 그것은 하나님을 아는 지식이 충만함으로써 이루어진다.

권정생의 동시 〈초록 아파트〉에서도 솔개가 다른 새들이 안락한 삶을 살 수 있도록 도와주는 역할로 등장함으로써 하나님이 다스리는 나라의 모형을 보여준다. 언급한 것처럼 안도현의 동시 〈나무 잎사귀 뒤쪽 마을〉에서도 사마귀가 마을을 지켜 주는 등 다른 곤충들을 섬기는 역할을 한다. 하나님 나라는, 하나님이 최초로 만드신 에덴동산은 바로 이와 같은 곳이 아니었을까. 장차 회복될 하나님의 나라는 이와 같은 곳이 아닐까. 하나님께서 최초에 만드신 낙원 에덴동산은 아름다운 동심을 통해 재구성되고 마침내 회복되리라 생각한다.

분노를 넘어…

1984년 북한 정부는 적십자를 통해 수해로 큰 피해를 본 우리나라에 쌀을 비롯한 몇 가지 구호물자를 제공하였다. 이에 대하여 남한과 북한은 각각 정치적 의미를 부각함으로써 냉전의 상흔(傷痕)을 여실히 드러냈다. 북한 정부는 '헐벗고 굶주린 남조선 수재민들이 우리의 구호물자가 하루빨리 도달할 것을 학수고대하고 있다'라는 르포 보도를 돌려 가며 국내 선전에 힘썼고, 남한 정부는 북한 정부로부터 받은 구호품의 백 배의 가치에 달하는 답례품을 보냄으로써 북한 정부의 체면을 가리려고 한 것이다. 이처럼 남한 정부와 북한 정부는 각각 자신들의 정치적 입장을 강조하려고 하였지만, 북한 정부의 구호품 지원을 계기로 남북관계는 해빙기를 맞이할 수 있었다. 그해 11월에는 남북경제회담이 열렸고, 이듬해인 1985년에는 한국전쟁 이후 처음으로 남북 이산가족 상봉이 이루어졌다. 그뿐만 아니라 상호 간의 예술공연단 행사가 서울과 평양에서 열리기도 했다.[6]

당시 구호품을 받은 어떤 이들은 "북한에서 보낸 쌀의 품질이 좋지 못했다"는 등 폄하하기에 급급하였다. 하지만 구호품을 받은 이들 가운데 평택의 농부 홍한표 씨 가족은 "북한에서 보내준 구호품으로 어려움을 극복할 수 있었다"며 20여 년이 흐른 2005년, 1억 7천만 원어치에 해당하는 쌀 1천 가마를 북한에 구호품 명목으로 제공하였다.[7] 이처럼 북한 정부로부터 구호품을 받은 이들 가운데는 감사와 감격을 누린 이들이 있는가 하면 그렇지 않은 이들도 있었다.

권정생의 동시 〈쌀〉에는 당시 북한 정부로부터 구호품을 받은 이들의 상반된 감정과 그에 대한 권정생의 느낌이 잘 언급되어 있다. 이 단락에서는 권정생의 동시에 언급된 북한으로부터 온 쌀을 받은 이들의 상반된 감정에 대하여 언급하려고 한다. 이 동시는 열 페이지에 달하는 장문 동시이기 때문에 지면의 한계상 필요한 부분을 발췌하여 언급함으로써 북한 쌀을 대하는 이들의 상반된 감정과 이에 대한 권정생의 느낌을 언급하려고 한다.

이 동시에서 북한 쌀을 대하는 권정생의 감격은 이렇게 시작된다.

북한 땅 어디에서 난 쌀일까

평안도 어디쯤일까

큰우물골 연실이네 논에서 난 쌀일까

성근네 아바이가 일하는 협동농장이란 데서 난 쌀일까

'입쌀'이라고 찍힌 부대기에

신기하게도 하얀 쌀이 담겨 왔구나[8]

북한에서 온 쌀은 권정생에게 온갖 위험을 무릅쓰고 온 친구처럼 반가운 존재였다. 이념의 가시철조망을 넘어서 말이다.

그토록 멀고 먼 북한에서

쌀아, 너희들이 어떻게 왔니

가시철망이 겹겹이 막혔다는데

총칼을 맨 군대가 지키고 있다던데

지뢰가 묻혀서 무섭다는데[9]

북한 쌀이 이토록 험한 길을 무릅쓰고 온 이유가 어디 있을까? 그것은 사람의 목숨을 살리기 위함에 있었다. 사람의 목숨은 이념을 초월하는 가치이기 때문이다. 한국전쟁은 이념 때문에 사람이 희생된 비극적 사건이었지만, 북한 쌀은 이념을 초월하여 사람의 목숨을 살리는 일에 자신을 희생한다. 그렇기 때문에 권정생은 '사람의 목숨이나 다름없는 쌀', '없으면 그 누구도 살아가지 못하는 쌀', 즉 '무엇보다도 소중한 쌀'이라고 표현하였다.[10] 그런데 북한 쌀을 대하면서 누구나 권정생처럼 감격을 느끼는 것은 아니었다.

그런데 동근이네는 그 쌀을

그토록 소중한 쌀을 먹지 않았단다

할아버지를 끌고 가 죽인 공산당 나라에서 왔다고

동근이네는 쌀부대기를 태질쳐 버렸단다[11]

한국전쟁을 겪는 가운데 공산주의자들의 손에 가족의 죽음을 목도한 동근이네는 북한 쌀을 생명을 빼앗은 대상과 동일시 여길 수밖에 없었다. 그렇지만 이와 상반된 반응을 보인 이들도 있었다.

그러나 하천둑 금옥이네는

아버지도 어머니도

쌀부대를 껴안고 울었단다

이북 고향에서 온 쌀이라고

고향의 햇빛을 받고 자란 쌀이라고

고향의 바람을 쐬고

고향의 물을 마시고 자란 쌀이라고

금옥이네는 고향에 두고 온 할머니를 모시듯

쌀을 쓰다듬고 얼굴에 비비며 울었단다[12]

실향민인 금옥이 가족은 북한 쌀을 대할 때 마치 고향에 두고 온 가족을 대하는 듯한 감격을 느낀 것이다. 그런데 동근이 가족, 금옥이 가족처럼 실향민이면서도 북한 쌀을 받지 못하는 안타까운 이들이 있었다.

쌀아,

너는 알아주겠지

너를 어루만지며 쓰다듬으며

고향 사람들을 만난 듯 눈물짓는 이들

수재민이 아니어서

쌀을 얻지 못한 다른 이웃들이

―한 되만 바꿔 주세요. 다른 쌀 한 말 드리겠어요

―열 곱, 스무 곱 드릴 테니 북한 쌀 바꿔 주세요

그렇게 소중하게 너를 반겨 준 사람들을[13]

이들은 수재민이 아니라는 이유로 고향에서 온 쌀을 받지 못한 것이었다. 그들은 북한 쌀을 분단 이후 30여 년 만에 고향 소식을 담고 온 편지처럼 여긴 것이다. 권정생이 볼 때, 북한 쌀을 태질친 동근이네는 물론 북한 쌀을 고향에 두고 온 가족을 대하듯 하는 금옥이네와 수재민이 아니라는 이유로 북한 쌀을 받지 못한 실향민 모두 안타까운 사연을 가진 이들이었다. 그러나 가장 안타까운 이들은 북한 쌀을 태질친 동근이네였다.

그러나 쌀아,

그 누구보다도

가장 불쌍한 사람은 역시

너를 밉다고 태질친 동근이네 아버지가 아니겠니?

그토록 피맺힌 원한을

죄 없는 너에게 왜 앙갚음 했을까[14]

누군가에게 북한 쌀은 그리운 고향의 향수를 달래주는 소중한 선물이었다. 그러나 다른 누군가에게 북한 쌀은 사랑하는 가족을 죽인 이들을 떠올리게 하는 증오의 산물이었다. 그렇다면 권정생은 북한 쌀에 대하여 어떤 의미를 부여하였을까? 무엇보다도 권정생은 북한 쌀이 사람의 목숨을 살리는, 무엇보다도 소중한 것이라고 보았다.

사람의 목숨이나 다름없는 쌀

없으면 그 누구도 살아가지 못하는 쌀

금보다도 귀하고

은보다도 귀하고

피아노보다 텔레비보다

장관님보다
대통령보다
성경책보다 더 귀한 쌀[15]

권정생에게는 북한 쌀이 어질고 착한 이들의 손길에 의해 수확된 것이었기에 더욱 소중하게 느껴졌다. 이념을 초월하여 농사꾼의 손은 한결같이 어질고 착하다고 보았기 때문이다.

쌀은 다만 농사꾼이 가꾸는 것
손마디가 굵고 얼굴이 검게 탄
우리들의 농사꾼이 가꾸는 것인데
농사꾼은 나라가 달라도, 생각이 달라도
얼굴색이 달라도
말씨가 틀려도
농사꾼의 손은 한결같이 어질고 착한 것을[16]

이렇듯 어질고 착한 손길로 생산된 하얗게 빛나는 북한 쌀을 보며 권정생은 해맑은 어린이의 얼굴을 떠올린다.

북한 어디쯤에서 자란 쌀일까
샘골 달수네 논에서 자란 쌀일까
하얗게 반짝이는
달수의 귀여운 얼굴 같은 쌀[17]

하얗게 반짝거리는

한 줌 쌀 속에

평안도 샘골 마을 우리들의 동무

달수의 슬픈 얼굴이 떠오르는구나[18]

이처럼 1984년 북한에서 온 쌀은 각 사람에게 상반된 의미로 받아들여졌다. 공산주의자들에 의해 가족을 잃은 사람들에게는 그야말로 '원수놈의 쌀', '공산당의 쌀'이었다. 그리운 가족을 고향에 두고 온 실향민들에게 북한 쌀은 '쌀부대를 껴안고 울 만큼' 그리운 가족의 숨결이 느껴지는 쌀, '어루만지고 쓰다듬으며 고향 사람 만난 듯 눈물짓는 쌀'이었다.

그렇다면 대다수 국민들에게 북한 쌀은 어떤 의미로 이해되었을까? 당시 많은 이들은 쌀을 비롯한 북한 구호품들의 질적인 문제를 언급하며 폄하하기에 급급했던 것으로 나는 기억한다. '북한 쌀이 맛없고 기타 구호품의 질이 형편없으며, 우리 정부는 최신 전자 제품으로 북한에 답례했다'는 자부심이 당시 일반인들의 생각이었다. 이는 한국전쟁 경험으로 대다수 국민들의 정서가 북한에 대하여 호의적일 수 없었기 때문이었다. 즉 대다수 국민들의 정서가 북한 쌀을 태질하여 던져 버린 동근이 가족과 같았다는 것이다.

이 시에 언급된 동근이네 가족은 공산주의자들에 의해 가족을 잃은 실향민일 뿐만 아니라, 한국전쟁으로 인한 상흔을 공유하는 국민들을 상징한다고 볼 수 있다. 이들은 한국전쟁에서 이념을 명목으로 보이지 않은 손에 의해 태질쳐짐을 당한 것이다. 북한 쌀이 동근이 아버지 손에 태질쳐진 것은 이러한 사실을 투영한다고 볼 수 있다.

동근이네 아버지 손에 태질쳐진 쌀아

어떻게 하면 좋지

너에겐 아무 죄가 없는데

어떻게 하면

너에게 용서받을 수 있을까

손발이 닳도록 빌면 되겠니?

너는 고난당하는 한국의 백성처럼

슬픈 시대에 태어나

억울하게 고통을 겪는구나[19]

누가 너를 미워서 태질치니?

무엇이 미워서 너를 태질치니?

동근이 할아버지를 죽인 건 쌀이 아닌데[20]

냉전체제가 종식되고 이 땅에 민주주의가 자리매김해 감에 따라 1980
년대와 같은 북한에 대한 증오는 상당 부분 희석되었다. 그런데 여전히
북한에 대한 증오의 정서가 일반 사회보다 더 강한 곳이 한국교회가 아
닐까. 냉전시대가 종식되었음에도 불구하고 한국교회는 냉전의식으로
부터 자유롭지 못하다는 것이다. 물론 일제 강점기부터 한국전쟁까지 한
국교회가 공산주의자들로부터 경험한 고통에 대한 트라우마가 강하게
남아 있음을 생각해 본다면 그러한 증오를 떨쳐 버리기 쉽지 않음을 이
해할 수 있다. 그렇지만 한국전쟁을 하나님의 섭리론에서만 생각하고 심
지어 남북 분단을 하나님의 은혜로 여기는 것에 대하여는 고민해 보아야
하지 않을까.

주요 한국교회 지도자들은 북한 공산주의자들을 '요한계시록에 붉은 용', 즉 사탄으로 보았다. 대표적인 인물이 한경직이다.[21] 한국전쟁을 하나님의 징계로 본 경우도 있었다. 박형룡은 한국전쟁을 신사참배를 한 한국교회에 대한 하나님의 징계로 보았다.[22] 그런데 이로부터 한층 발전하여 한국교회 일각의 많은 사람이 "남북한의 분단 현실을 가슴 아파하지만, 분단은 재앙이 아니라 축복이다"[23]라고 말하는 경우도 발견된다. 이것은 한국전쟁으로 인한 상흔을 생각한다 해도 결코 성경에서 말씀하는 가치로 볼 수 없다. 이러한 인식에서 벗어나지 못할 때 북한에 대한 증오로부터 벗어날 수 없다고 본다. 성경에서는 샬롬을 말씀하지만, 그로부터 엇나갈 수밖에 없는 것이다.

이 시에서 권정생은 우리가 냉전에 따른 상흔으로 인한 증오로부터 벗어날 수 있는 길을 제시한다.

쌀아,
정말 미안하구나
너를 가꿔 준 성근네 아바이한테
너를 가꾸느라 애쓴 황해도 아주머니한테
샘골의 달수한테
큰우물골의 연실이한테 미안하구나[24]

여기에서 권정생은 이념을 초월한 인간 이해를 말한다. 쌀을 보내는 북한 농민은 남한의 농민과 다름 없이 순박한 이들이다. 이러한 인간 이해는 특정한 이념으로 인간을 규격화하지는 않는다. 권정생은 농민들이야말로 '풍요롭지 않지만 아주 당당한 삶을 사는 사람들'이라고 보았다.[25]

땅의 소산물을 거두며 정직하게 사는 사람들이라는 것이다. 권정생에게서 그러한 농민 이해는 남북한을 아우르는 것이었다. 남한의 수해 입은 사람들이 받은 북한 쌀은 이처럼 순박하고 정직한 농민들이 땀 흘려 거둔 대가이기 때문에 더욱 소중한 것이다. 동근이 아버지가 북한 쌀을 태질친 것으로 상징되는 우리나라 많은 이들의 북한에 대한 정서에 대하여 권정생이 마음 아파한 이유가 여기에 있다. 이념의 프레임에 갇힌 인간 이해에 대하여 권정생은 마음 아파한 것이다. 이념의 프레임으로부터 벗어나지 못하는 한국교회 일각에 대하여 깊이 고민해야 할 이유가 여기에 있다.

1930년대에는 한국교회에 자유의 복음을 말하려고 하였고, 1970-80년대에는 민주화 운동에 깊은 발자취를 남긴 김재준 목사는 '기독교가 이념과 체제를 초월해야 한다'라고 하였다. 그는 '기독교가 이념에 함몰되어 그 주체성이 흔들리는 것은 기독교의 정상적인 모습일 수 없다'라고 단언하였다.[26] 이런 측면에서 권정생의 인간 이해가 그리스도인들에게 시사해 주는 바가 적지 않다.

휴전선을 넘어

가시철망을 넘어

지뢰 묻힌 원한의 울타리를 헤치고 온 쌀아

쌀은 무엇이든 알고 있겠지

이 슬픈 나라 백성들의 눈물을

그 원한의 시작이

어디서 왔는지 쌀은 알겠지

하얗게 반짝거리는

한 줌 쌀 속에

평안도 샘골 마을 우리들의 동무

달수의 슬픈 얼굴이 떠오르는구나[27]

　　마지막으로 북한 쌀은 이념에 따른 증오를 극복하고 화해로 나아가는
치유의 상징으로 볼 수 있다. 한반도 분단의 상징인 가시철망을 누구도
넘을 수 없기에 이 나라 슬픈 백성의 눈물을 닦을 수 없다. 북한 쌀을 대
하고 어루만지며 눈물 흘리는 금옥이 가족의 슬픔도, 북한 쌀을 태질친
동근이 가족의 분노도 말이다. 그러나 가시철망 휴전선을 넘어온 북한
쌀은 결국 가시철망 휴전선을 극복하고 하나 되어 원한과 슬픔을 극복할
그날을 소망하도록 한다. 이 단락의 서두에 언급한 것처럼 북한의 남한
수해민 구호품 전달을 남북한 당국은 자신에게 유리하도록 정치적인 의
미를 부각하려고 하였지만, 이를 계기로 의도치 않게 남북교류의 물꼬가
열리게 된 것처럼 말이다.

　　한 줌 쌀을 보며 떠올리게 되는 것은 해맑은 북한 어린이 얼굴이다. 순
박한 북한 농민 얼굴이다. 샘골의 달수 얼굴, 큰우물골 연실이 얼굴, 투
박한 함경도 사투리를 쓰는 성근네 아바이 얼굴, 그리고 황해도 아주머
니 얼굴이다. 결코, 이념에 함몰되어 분노에 사로잡힌 얼굴이 아니다.

　　예수께서 사마리아 땅으로 가셔서 사마리아 우물가의 여인과 대화를
하셨을 때 그녀는 적잖게 놀랐다. 유대인들은 사마리아인들을 자신과 동
등한 인간으로 여기지 않았기 때문이다. 민족주의 이념, 종교적 선입견
이 유대인들로 하여금 사마리아인들을 업신여기도록 한 것이었다. 그러
나 예수께서는 '이 산에서도 말고 예루살렘에서도 말고 너희가 아버지께

예배할 때가 이르리라'고 하였다(요 4:21). 구원이 유대인에게만 있는 것이 아니라 사마리아인에게도 동일하게 있음을 말씀하신 것이다. 유대인들은 편협한 민족주의와 종교적 선입견으로 사마리아인들을 보았지만, 예수님은 하나님의 형상이 있는 사람으로 그들을 보신 것이다.

1990년대 이후 민주주의가 정착함에 따라 북한에 대한 증오는 희석되기 시작하였다. 그러나 한국교회 일각에서 여전히 북한에 대한 증오를 떨치지 못하고 있음이 사실이다. 하나님의 형상이 있는 사람으로 그들을 보지 못하고 이념의 프레임으로 그들을 보기 때문이다.

언젠가 하나님의 섭리 가운데 한반도의 통일이 이루어질 것으로 믿는다. 이를 위해 하나님께서 이념의 선입견이 아닌 하나님의 형상이 있는 아름다운 사람으로 북한 사람들을 볼 수 있도록 한국교회 그리스도인들의 마음을 바꾸시는 일을 하시지 않을까 생각한다. 이념에 함몰된 복음이 아니라, 이념을 초월한 복음이 마침내 분단의 가시철조망을 넘어 북한에 전해지고 하나님의 백성으로 하나 될 그날을 소망하며 기대한다. 북한 쌀이 분단의 철조망을 넘어 이 땅에 온 것처럼 말이다. 그때 하나님의 형상을 간직한 해맑은 그들을 만나리라 기대한다. 성근네 아바이 얼굴, 황해도 아주머니 얼굴, 샘골 달수 얼굴, 그리고 큰우물골 연실이 얼굴을 말이다.

미주

1 이 단락은 2021년 3월 발간된 비블로스성경인문학연구소의 『비블로스성경인문학시리즈 2』에 게재된 논문 〈권정생 문학작품에 나타난 생태의식〉의 일부에 수록되었음을 표기해 둔다.

2 권정생, 〈모래밭에〉, 『권정생 동시집: 산비둘기』, (서울: 창비, 2020), 24-25.

3 권정생은 장편 동화 『하느님이 우리 옆집에 살고 있네요』에서 하나님의 모습을 구체적으로 설명하였다. 이 작품에 나타난 하나님은 평범하고 인심 좋은 이웃 할아버지의 모습이다. 아들 예수님과 이 땅에 오실 때 모든 능력을 내려놓으시고 인간처럼 무기력한 모습으로 오신 하나님은 인간들과 함께 울고 웃으며 분노하는 분이다. 이는 신약성경의 임마누엘 사상을 권정생의 시각에서 설명하고 있을 뿐만 아니라, 어린이처럼 하나님을 친근한 분으로 상상할 수 있는 권정생의 동심이 잘 드러난 작품이라고 생각한다. 일찍이 일직교회에서 오랫동안 주일학교 교사로 어린이들을 가르친 권정생이었기에 이처럼 동심에 기반된 하나님에 대한 인식이 가능했을 것이라고 본다.

4 권정생, 〈초록 아파트〉, 『권정생 동시집: 산비둘기』, 38-40.

5 안도현, 〈나무 잎사귀 뒤쪽 마을〉, 『안도현 동시집: 나무 잎사귀 뒤쪽 마을』 (서울: 실천문학사, 2012), 47.

6 나무 위키 https://namu.wiki/w/1984%EB%85%84%20%EB%B6%81%ED%95%9C%EC%9D%98%20%EB%8C%80%EB%82%A8%20%EC%88%98%ED%95%B4%EC%A7%80%EC%9B%90, 2020년 10월 5일 오후 10시 29분 접속.

7 〈20년 전 북한 쌀 지원 배로 보급해〉, 자유 아시아 방송, https://www.rfa.org/korean/in_focus/interview_sk_farmer_rice_aid_nk-20050810.html, 2020년 10월 5일 오후 10시 39분 접속.

8 권정생, 〈쌀〉, 『어린이와 어른이 함께 읽는 시: 어머니 사시는 그 나라에는』 (서울: 지식산업사, 2015), 65.

9 권정생, 〈쌀〉, 65-66.

10 권정생, 〈쌀〉, 66.

11 권정생, 〈쌀〉, 66.

12 권정생, 〈쌀〉, 72-73.

13 권정생, 〈쌀〉, 72-73.

14 권정생, 〈쌀〉, 73.

15 권정생, 〈쌀〉, 66.

16 권정생, 〈쌀〉, 69.

17 권정생, 〈쌀〉, 67.

18 권정생, 〈쌀〉, 74.

19 권정생, 〈쌀〉, 69-70.

20 권정생, 〈쌀〉, 72.

21 한경직, 〈그리스도인과 반공〉, 『새가정』 (1963. 5): 10-11.

22 박형룡, 『박형룡박사전집: 설교』 제20권 (서울: 한국기독교교육연구원, 1978), 269-271.

23 2004년 3월 1일 서울교회에서 열린 '공산독재 종식 · 민족복음화 3.1절 목회자 금식 대성회'에서 김

상철 장로가 행한 특강 가운데 일부이다. 「뉴스앤조이」 2004. 3.2. http://www.newsnjoy.or.kr/
news/articleView.html?idxno=7167. 2014년 10월 8일 오후 4시 9분 접속

24 권정생, 〈쌀〉, 72.

25 권정생, 〈더 이상 낮아질 수 없는 사람들〉, 『빌뱅이 언덕』(서울; 창비, 2012), 113.

26 홍인표, 『자유인 김재준』(서울: 동연, 2020), 190−191.

27 권정생, 〈쌀〉, 74.

글을 마치며

얼마 전 인터넷에서 한국무신론자협회 사이트를 발견하고 사이트에 올려진 글들을 잠시 읽었다. 그리고 이런 생각을 해 보았다. '그들은 왜 무신론자가 되었을까?' 그들이 무신론자가 되는 데에는 대략 세 가지 요인이 있지 않을까 생각한다.

첫 번째, 지적인 무신론이다. 주로 무신론을 주장하는 철학자 혹은 자연과학자들에게서 나오는 견해이다. 자연과학자들과 몇 차례 논쟁을 한 후 내가 생각하게 된 것은 이렇다.

이것은 마치 육상선수와 수영선수가 자신의 견해로 대화를 하는 것 같다. 신앙의 영역에서 자연과학을 무시하는 것도 바람직하지 않지만, 자연과학의 한계를 인정하지 않고 신앙을 판단하려는 것 또한 교만한 행태가 아닐 수 없다.

비록 자연과학을 공부한 것은 아니지만 인문학을 공부한 사람으로서 학문의 한계를 알고 있기에 자연과학의 일부 견해로 신앙의 영역을 판단하는 것을 보고 그런 생각을 하게 된 것이다. 이처럼 지적인 측면에서 무신론을 말하는 이들에 대하여는 그들의 지적인 교만을 안타깝게 여기며 대석학이었던 사도 바울의 학문적 겸손을 생각해 볼 뿐이다.

두 번째, 한국교회의 본이 되지 못하는 모습에 대한 실망 때문이다.

무신론을 말하는 이들 가운데는 본래 기독교인이었지만 교회에 실망하고 교회를 떠났을 뿐만 아니라, 결국 무신론까지 주장하게 된 예도 있다. 이에 대하여는 한국교회가 용서를 구하고 책임을 질 부분이 있을 것이다. 이에 대하여는 권정생의 글을 통해 언급한 바와 같다.

세 번째, 신앙생활을 했지만, 자신을 둘러싼 어려운 환경, 혹은 좀처럼 나아지지 않은 힘든 삶 속에서 신앙에 회의를 느끼고 결국 무신론을 말하게 되는 경우이다. 어려운 환경 속에서 신앙에 대한 회의를 느끼고 '하나님이 어디 계시냐'하는 원망의 말을 하는 경우는 구약의 역사에서도 발견한다. 유대인들이 이방 군대의 발굽에 국토가 초토화됨으로써 오랜 시간 포로 생활을 하거나 떠돌이 생활을 할 때 그러한 원망을 한 경우가 있었다. 그들에게 하나님의 말씀을 전해 줌으로써 신앙의 회의에 빠지지 않도록 해주는 것이 선지자들의 임무 가운데 하나였다.

아무리 기도하며 노력해도 좀처럼 나아지지 않은 현실 속에서 간혹 무신론을 생각하는 경우가 없지 않다. 그런 측면에서 본다면 권정생이야말로 무신론을 말하기에 충분한 삶을 살았다. 그런데 권정생은 오히려 더욱 하나님과 가까이하려는 삶을 살았다. 물론 그가 신앙생을 하면서 갈등을 겪었음도 사실이다. 그러나 그가 겪은 신앙의 갈등은 사적인 영역이 아닌 공적인 영역에서 일어났다. 기독교 문화 국가들인 서구의 국가들이 약소국을 착취하는 현실, 한국교회가 복음의 본질에 충실하지 못하는 모습을 보고 신앙의 갈등을 느낀 것이다. 그러나 그러한 갈등은 결국 '인류 역사의 참혹한 사건들이 하나님의 뜻으로 일어난 것이 아니라, 인간의 욕심으로 일어난 것'이라는 깨달음으로 귀결되었다.

언급한 세 가지에 대하여 권정생에게 조언을 구한다면, 첫 번째 문제에 대하여는 적절한 조언을 들을 수 없을지도 모른다. 하지만 두 번째와 세 번째 문제에 대하여는 적절한 조언을 듣기에 충분하다고 본다. 권정생은 수많은 그의 산문에서 한국교회가 복음의 본질을 회복할 것을 촉구하였다. 하나님의 독생자셨지만, 이 땅에 오셔서 약한 자들을 섬기셨던 예수님을 본받아 약한 이들을 섬기는 교회로 회복될 것을 촉구하였다. 교회 공동체가 이 땅에서도 하나님 나라를 확장하는 데 열심을 내어야 함을 말해준 것이다.

서두에 언급한 것처럼 권정생의 삶을 보면 '이렇게 꼬일 수 있을까' 싶을 만큼 고난의 삶을 살았음을 알게 된다. 그런 환경에서 충분히 하나님의 부재를 말할 수 있었지만, 그는 오히려 그의 작품에서 '임마누엘 하나님'을 언급하였다. 대표적인 작품이 『하느님이 우리 옆집에 살고 있네요』이다. 고통스러운 하루하루를 살면서도 하나님의 부재를 말하지 않고 오히려 하나님과 동행하는 삶을 살기 위해 몸부림친 그의 삶은 오늘날 그리스도인들에게 시사해 주는 바가 많다.

권정생의 글에는 한국 사회와 한국교회를 향한 눈물 어린 질책이 적지 않지만, 쉽지 않은 하루하루를 살아가면서도 자신의 삶에 충실한 사람들을 향한 따뜻한 위로가 또한 담겨있다. 그의 동화 『하느님의 눈물』과 『강아지 똥』에 나오는 다음 두 가지 말은 수많은 작품을 통해 우리에게 하고 싶었던 애정 어린 질책과 위로가 아닐까.

"하지만, 내가 이렇게 애타게 기다리는데도
사람들은 기를 써 가면서 남을 해치고 있구나."

"하나님은 쓸데없는 물건은 하나도 만들지 않으셨어.
너도 꼭 무엇엔가 귀하게 쓰일 거야."